Angeline Kone

Conception et déploiement d'une architecture réseau sécurisée

Angeline Kone

Conception et déploiement d'une architecture réseau sécurisée

Théorie et pratique

Presses Académiques Francophones

Imprint
Any brand names and product names mentioned in this book are subject to trademark, brand or patent protection and are trademarks or registered trademarks of their respective holders. The use of brand names, product names, common names, trade names, product descriptions etc. even without a particular marking in this work is in no way to be construed to mean that such names may be regarded as unrestricted in respect of trademark and brand protection legislation and could thus be used by anyone.

Cover image: www.ingimage.com

Publisher:
Presses Académiques Francophones
is a trademark of
International Book Market Service Ltd., member of OmniScriptum Publishing Group
17 Meldrum Street, Beau Bassin 71504, Mauritius

Printed at: see last page
ISBN: 978-3-8416-3633-1

Copyright © Angeline Kone
Copyright © 2015 International Book Market Service Ltd., member of OmniScriptum Publishing Group
All rights reserved. Beau Bassin 2015

AVANT PROPOS

Le mémoire de fin d'étude est un prolongement naturel de l'immersion de l'étudiant dans le monde professionnel, qui comme de coutume, permet à celui-ci de couronner sa dernière année universitaire. Il met en exergue les qualités de réflexion de l'étudiant et souligne ses aptitudes d'analyse globale à partir d'une expérience professionnelle.

La réalisation de ce document répond à l'obligation pour tout étudiant en dernière année du cycle ingénieur à l'Ecole Supérieur de Multimédia Informatique et Réseaux en abrégé SUPEMIR de présenter un projet de fin d'étude en vue la validation de l'année académique.

Ce rapport rend compte simultanément de la découverte du milieu professionnel et de la conduite d'une mission attribuée à l'étudiant.

Le thème sur lequel s'appuie ce document est **« Conception et déploiement d'une architecture réseau sécurisée : cas de SUPEMIR »**. Le choix de ce thème se justifie par l'absence de toute politique de sécurité dans le réseau informatique existant.

SOMMAIRE

AVANT PROPOS I
SOMMAIRE II
CAHIER DE CHARGES V
INTRODUCTION GENERALE 7
PREMIERE PARTIE : 8
CONCEPTION D'UNE ARCHITECTURE RESEAU SECURISEE (THEORIE). 8

    CHAPITRE I : ARCHITECTURE PHYSIQUE 9
        I. ETUDE DE L'EXISTANT 9
        II. SUPPORTS PHYSIQUES 10
            1. Câble coaxial 11
            2. Câble paire torsadée 12
            3. Fibre optique 14
        III. EQUIPEMENTS D'INTERCONNEXION 15
            1. Répéteur 17
            2. Hub 17
            3. Pont 17
            4. Switch 17
            5. Routeur 18
            6. Passerelle 18
            7. Firewall 19
    CHAPITRE II : ARCHITECTURE LOGIQUE 20
        I. ADRESSAGE IP 20
        II. PLAN D'ADRESSAGE 21
        III. ROUTAGE 22

CHAPITRE III : L'ADMINISTRATION DES EQUIPEMENTS ET LA SURVEILANCE, LES SERVICES RESEAUX ET OUTILS DE SECURITE 24

- I. LES SERVICES RESEAUX (DNS, DHCP, LDAP, MESSAGERIE, WEB,…) 24
  1. Noms machines (DNS) 24
  2. Attribution d'adresse (DHCP) 25
  3. Messagerie 25
  4. Annuaires 26
  5. Service web 27
- II. ADMINISTRATION DES EQUIPEMENTS 27
- III. POLITIQUE DE SECURITE 29
  1. Généralités 29
  2. Vulnérabilité et les attaques 30
  3. Solution à la sécurité 31

CHAPITRE VI : LES CONNEXIONS EXTERNES ET INTERNES 34
- I. ACCES A INTERNET 34
- II. ACCES DEPUIS L'INTERNET 34

CHAPITRE V : MISE EN PLACE D'UN RESEAU SOLIDE 36
- I. CARACTERISTIQUES D'UN RESEAU FIABLE 36
- II. ELABORATION D'UNE ARCHITECTURE (PHYSIQUE ET LOGIQUE) 38

DEUXIEME PARTIE : ETUDE DE CAS : IMPLEMENTATION D'ARCHITECTURE RESEAU SECURISEE : CAS DE SUPEMIR 39

CHAPITRE I : ANALYSE ET CRITIQUE DU RESEAU EXISTANT 40
- I. ETUDE DE L'EXISTANT 40
  1. Présentation du réseau de SUPEMIR 40
  2. Architecture du réseau existant 40
  3. Analyse du parc informatique 41
  4. Les équipements d'interconnexion 42
  5. Adressage, connexion externe 43
- II. CRITIQUE DE L'EXISTANT ET SPECIFICATION DES BESOINS 43
  1. Critique de l'existant 43
  2. Spécification des besoins 44
- III. LES SOLUTIONS 45

CHAPITRE II : PHASE DE PLANIFICATION DU DEPLOIEMENT 47
- I. PLANIFICATION DU DEPLOIEMENT 47
  1. Matériels utilisés 47
  2. Pré-requis 49
  3. Architecture de mise en œuvre 50

- 4. Architecture de déploiement 51
- II. *LES DIFFERENTS SERVICES ET L'ADRESSAGE* *51*
  - 1. Services 51
  - 2. Adressage 52
- CHAPITRE III : PHASE DE MISE EN ŒUVRE 54
  - I. *SCENARIOS D'INSTALLATION ET DE CONFIGURATION* *54*
    - 1. Installation et configuration des serveurs 54
  - II. *SECURITE* *109*
- CHAPITRE IV : EVALUATION FINANCIERE 112
  - I. *PLANNING DE REALISATION DES TRAVAUX* *112*
  - II. *COUT DE MISE EN ŒUVRE* *113*
    - 1. Fourniture matériels 113
    - 2. Mise en place des serveurs 114
    - 3. Coordination 114
    - 4. Récapitulatif du coût de la prestation 115

CONCLUSION **116**

WEBOGRAPHIE **117**

GLOSSAIRE **118**

LISTES DES FIGURES **119**

LISTE DES TABLEAUX **121**

LISTE DES SIGLES ET ABREVIATIONS **122**

CAHIER DE CHARGES

- Présentation de l'architecture existante
- Description du projet :
    - ➤ Concevoir et déployer une architecture réseau sécurisée à SUPEMIR.
- Spécifications des besoins :
    - Besoins fonctionnels
    - ➤ Déployer un serveur DHCP dans le but de centraliser la gestion de l'adressage et d'éviter des conflits d'adresses IP,
    - ➤ Déployer un serveur DNS qui permettra la résolution de nom dans le réseau local,
    - ➤ Déployer un serveur Web pour une haute disponibilité en cas de rupture du lien avec le réseau public,
    - ➤ Déployer un serveur mandataire générique qui va relayer différentes requêtes et entretenir un cache des réponses. Il permettra aussi de sécurisé le réseau local,
    - ➤ Déployer un firewall pour protéger le réseau interne,
    - ➤ Déployer un serveur de mail pour la gestion de la messagerie local,
    - ➤ Déployer un serveur de fichiers à fin de mieux gérer les droits d'accès aux informations de l'école.

    - Besoin non fonctionnels
        - ➤ La simplicité d'utilisation des services implémentés,
        - ➤ La centralisation de l'administration,
        - ➤ La sécurité des accès (local, mot de passe : longueur, caractères spéciaux, politique de réutilisation), sécurité wifi,
        - ➤ La performance du réseau (temps de réponse),

- La disponibilité (heures de connexion),
- La fiabilité (moyenne de temps de bon fonctionnement, Le temps moyen de Rétablissement),
- La gestion des sauvegardes (fichiers, mails),
- La documentation du réseau.

INTRODUCTION GENERALE

Toute entreprise existante d'une certaine taille dispose en général d'un réseau informatique ; même celles qui n'en sont qu'à une idée de projet viable y pense très souvent à une éventuelle mise en œuvre d'un réseau informatique au sein de leur future structure. Vu l'importance des informations qui sont souvent véhiculées dans les réseaux, ceux-ci requièrent un certain degré de sécurité. Toutefois le constat est que ceux qui en font usage de ces réseaux ignorent parfois les risques auxquelles ils sont exposés lorsqu'une mesure de sécurité n'est pas mise en place. Les réseaux les plus sécurisés disposent très souvent d'un outillage tant matériel que logiciel à fin de s'assurer une sécurité optimale. Pour certaines entreprises, vu les moyens dont ils disposent, ils ne peuvent se prémunir d'un tel arsenal. C'est à la recherche de solutions pouvant pallier aux problèmes de disponibilité et de sécurité au sein du réseau de SUPEMIR que le thème « **Conception et déploiement d'une architecture réseaux sécurisée : cas de SUPEMIR** » qui nous a été confié.

Dans notre démarche, il sera donc question de présenter dans un premier temps une étude théorique de la conception d'une architecture réseau sécurisée, enfin nous présenterons un cas pratique de l'implémentation d'une architecture réseau sécurisée.

PREMIERE PARTIE :
CONCEPTION D'UNE ARCHITECTURE RESEAU SECURISEE (THEORIE).

CHAPITRE I : ARCHITECTURE PHYSIQUE

Rappelons qu'un réseau informatique est un maillage de micro-ordinateurs interconnectés dans le but du partage des informations et du matériel redondant. Quelque soient le type de systèmes informatiques utilisés au sein d'une entreprise, leur interconnexion pour constituer un réseau est aujourd'hui obligatoire. La constitution de celui-ci passe par une conception qui consiste à définir :

➢ L'architecture physique si le réseau est inexistant, ou faire évoluer l'architecture le cas contraire. Il est abordé ici la cartographie des sites, des bâtiments, des salles devant être connectés ; de même que les supports physiques et les équipements actifs.

➢ L'architecture logique autrement dit la topologie logique, elle fait référence à toutes les couches du réseau, les protocoles, le plan d'adressage, le routage.

➢ Utiliser les services des opérateurs ou des sous-traitants.

➢ La politique d'administration et de surveillance des équipements

➢ Les services réseaux

➢ Les outils de sécurité

➢ La connexion avec l'extérieur : Internet

I. ETUDE DE L'EXISTANT

Une bonne compréhension de l'environnement informatique aide à déterminer la portée du projet d'implémentation d'une solution informatique. Il est essentiel de disposer d'informations précises sur l'infrastructure réseau physique et les problèmes qui ont une incidence sur le fonctionnement du réseau. En effet, ces informations affectent une grande partie des décisions que nous allons prendre dans le choix de la solution et de son déploiement. Cette étude consiste à mettre à découvert, de façon aussi claire que possible, l'analyse qualitative et quantitative du fonctionnement actuel du réseau informatique. Une telle étude consiste dans un premier temps à recueillir les informations ; elle est réalisée à partir d'entretiens ou de questionnaires, tableaux de bords, catalogues, documentation existante.

Par la suite on peut passer à une analyse, classer et donner une vue synthétique de l'ensemble des informations collectés sur le parc informatique (matériels et logiciels), la dimension du réseau (LAN : étages, bâtiments, salles, sites géographiques, diamètre du réseau, interconnexion, WAN, MAN). Enfin, on peut esquisser une modélisation à grande échelle des données ainsi obtenues.

L'état des lieux étant effectué, elle peut aboutir à une critique de l'existant qui analyse les ponts positifs et négatifs de l'environnement informatique déjà en place et dégager les améliorations à apporter : les tâches rendues et les tâches non rendues, les services rendus et les services non rendus, etc. cette critique sera ainsi un tremplin pour l'analyse des besoins. Cette analyse est en fait la nécessité ou le désir éprouvé(e) par un utilisateur. Ce besoin peut être explicite ou implicite, potentiel, avoué ou inavoué. Par conséquent, l'étude des besoins consiste à dégager les critères de migration vers la nouvelle solution ou de l'implémentation de celle-ci, à évaluer les divers avantages attendus (retour sur investissement). Elle est à réaliser sous forme de questionnaire. Cette étude donne une vue globale des besoins fonctionnels (les besoins qui expriment des actions qui doivent être menées sur l'infrastructure à définir en réponse à des demandes) et techniques mais aussi des besoins des utilisateurs.

Ces études sont d'un atout important dans le choix des matériels qui constitueront la future infrastructure.

II. SUPPORTS PHYSIQUES

Les supports physiques sont des moyens de transmissions utilisés entre les équipements d'un réseau. Le choix de ces derniers pour la conception d'une architecture est étroitement lié à la dimension du réseau (LAN, MAN, WAN).

Une analyse sur l'étendue du réseau doit être faite à fin de savoir s'il est restreint à une salle, un étage, un bâtiment ou s'il s'étend ou s'il occupe un site géographique (domaine privée), plusieurs bâtiments (site-campus) ; dans ce dernier cas une interconnexion des LAN pourra s'imposer tout en gardant la présence d'esprit que le LAN s'étend sur un diamètre inférieur à 2 Km. Dans le cas d'un MAN qui peut s'étendre à la dimension d'une ville tout en gardant un diamètre inférieur à 10Km, les services d'opérateurs locaux s'avèrent utiles (domaine public). Le WAN qui est un réseau de très longues distances nécessitera les services d'opérateurs (inter)nationaux.

En théorie, le choix des liens physiques se base sur les propriétés physiques du support par contre, dans le pratique le choix est fait en référence aux paramètres tels que :

➢ Le coût
- Câble (média)
- Connecteurs (connectique)
- Emetteurs et récepteurs
- Installation

➢ L'immunité aux perturbations (foudre, électromagnétismes)
➢ Longueur maximale possible entre deux équipements actifs
- Coût équipement
- Besoin alimentation électrique,...

➢ Débits possibles (surtout débit maximum) : bps

1. Câble coaxial

Le câble coaxial est largement utilisé comme moyen de transmission. Ce type de câble est constitué de deux conducteurs concentriques : un conducteur central, le cœur, entouré d'un matériau isolant de forme cylindrique, enveloppé le plus souvent d'une tresse conductrice en cuivre. L'ensemble est enrobé d'une gaine isolante en matière plastique. Il est utilisé pour les transmissions numériques en bande de base sur quelques kilomètres avec une impédance caractéristique de 50 Ohm. On en fait également usage de ce support pour les transmissions analogiques en mode large bande avec une impédance caractéristique de 75 Ohm. Deux types de ce support se distinguent:

- gros coaxial : 10 base 5 ; il peut faire cas d'une épine dorsale de 100 stations maximum par segment, 5 segments maximum, 500 m maximum et 2,5 m minimum.

- coaxial fin : 10 base2 ; 230 stations maximum par segment, 5 segments maximum, 185 m maximum et 50 cm minimum.

Si vous câblez en coaxial fin, il faut vérifier que les cartes possèdent un connecteur BNC ou prise vampire. Il faut placer un bouchon à chaque extrémité du réseau (donc deux bouchons) ils sont indispensables pour des raisons d'impédance.

Le câble coaxial offre de bons débits (de l'ordre des Gbits/s), une bonne immunité par contre les équipements utilisés sont onéreux et leur mises en place difficile.

2. Câble paire torsadée

Celui-ci est un ancien support de transmission utilisé depuis très longtemps pour le téléphone ; il est encore largement utilisé aujourd'hui. Ce support est composée de deux conducteurs en cuivre, isolés l'un de l'autre et enroulés de façon hélicoïdale autour de l'axe de symétrie longitudinale. Cet enroulement autour de l'axe de symétrie permet de réduire les conséquences des inductions électromagnétiques parasites provenant de l'environnement dans lequel la paire torsadée remplit sa fonction de transmission. Couramment ; il est utilisé pour desservir les usagers du service téléphonique abonnées du service public ou usagers des réseaux privés. Les signaux transmis par l'intermédiaire des paires torsadées peuvent parcourir plusieurs dizaines de kilomètres sans amplification ou régénération. Quand plusieurs paires torsadées sont rassemblées dans un même câble, les signaux électriques qu'elles transportent interfèrent plus ou moins les uns sur les autres par rayonnement : phénomène de diaphonie. Elle est souvent blindée à fin de limiter les interférences, de ce fait on distingue cinq types de paires torsadées:

➢ Paire torsadée non blindée (UTP en anglais): dénomination officielle (U/UTP); elle n'est pas entourée d'un blindage protecteur. Ce type de câble est souvent utilisé pour le téléphone et les réseaux informatiques domestiques.

➢ Paire torsadée blindée (STP en anglais): dénomination officielle U/FTP. Chaque paire torsadée est entourée d'une couche conductrice de blindage, ce qui permet une meilleure protection contre les interférences. Elle est fréquemment utilisée dans les réseaux tokai ring.

➢ Paire torsadée écrantée (FTP en anglais) officiellement connu sous la dénomination F/UTP. L'ensemble des paires torsadées ont un blindage commun assuré par une feuille d'aluminium, elle est placée entre la gaine extérieure et les quatre paires torsadées. On en fait usage pour le téléphone et les réseaux informatiques.

➢ Paire torsadée écrantée et blindée (SFTP en anglais), nouvelle dénomination S/FTP. Ce câble est doté d'un double écran commun à toutes les paires.

➢ Paire torsadée super blindée (SSTP en anglais), nouvellement connu sous la dénomination S/FTP. C'est un câble STP doté en plus d'un écran commun entre la gaine extérieur et les quatre paires.

La bande passante d'un câble à paire torsadée dépend essentiellement de la qualité de ses composants, de la nature des isolants et de la longueur du câble. L'UTP est normalisé en diverses catégories qui sont ratifiées par les autorités internationales de normalisation ANSI/TIA/EIA. Ces catégories sont :

➢ Catégorie 1 : câblage abonné, destinée aux communications téléphoniques ; elle n'est plus d'actualité.

➢ Catégorie 2 : câblage abonné, offrant une transmission des données à 4 Mbit/s avec une bande passante de 2Mhz ; utilisé pour les réseaux token ring.

➢ Catégorie 3 : offre une bande passante de 16Mhz, elle est reconnue sous la norme ANSI/TIA/EIA-568B. utilisée pour la téléphonie analogique que numérique et aussi pour les réseaux Fast Ethernet (100Mbps), il est aujourd'hui à l'abandon au bénéfice de la catégorie 5e.

➢ Catégorie 4 : permettant une bande passante de 20 Mhz, elle fut utilisée dans les réseaux token ring à 16 Mbps.

➢ Catégorie 5 : permettant une bande passante de 100Mhz et un débit allant jusqu'à 100 Mbps.

➢ Catégorie 5e : elle peut permettre un débit allant jusqu'à 1000 Mbps avec une bande passante de 100Mhz, apparue dans la norme TIA/EIA-568B.

➢ Catégorie 6 : permettant une bande passante de 250 Mhz et plus.

➢ Catégorie 6a : une extension de la catégorie 6 avec une bande passante de 500Mhz, permettent le fonctionnement du 10 GBASE-T sur 90mètres.

➢ Catégorie 7 : elle offre une bande passante de 600MHz.

- Catégorie 7a : elle offre une bande passante de 1Ghz, avec un débit allant jusqu'à 10 Gbps.

L'utilisation de la paire torsadée nécessite des connecteurs RJ45. Son câblage universel (informatique et téléphone), son faible coût et sa large plage d'utilisation lui permet d'être le support physique le plus utilisé.

3. Fibre optique

L'intégration de la fibre optique dans le système de câblage est liée au fait que celle-ci résout les problèmes d'environnement grâce à son immunité aux perturbations électromagnétiques ainsi qu'à l'absence d'émission radioélectrique vers l'environnement extérieur. De plus, lorsque les possibilités de liaison en cuivre sont dépassées, elle permet de s'affranchir des distances dans les limites connues. De par ses caractéristiques, l'introduction de la fibre optique a été intéressante pour des applications telles l'éloignement des points d'utilisation, l'interconnexion des sites multi bâtiments, la confidentialité pour des applications sensibles. La fibre optique est composée d'un cylindre de verre mince : le noyau, qui est entourée d'une couche concentrique de verre : la gaine optique. Deux types de fibre optique :

- La fibre multimode : composée d'un cœur de diamètre variant entre 50 et 62.5 microns. Principalement utilisée dans les réseaux locaux, elle ne s'étend pas sur plus de deux kilomètres. Sa fenêtre d'émission est centrée sur 850, 1300 nanomètres. Elle supporte de très larges bandes passantes, offrant un débit pouvant aller jusqu'à 2.4Gbps ; aussi elle peut connecter plus de station que ne le permettent les autres câbles. L'inconvénient est qu'il est onéreux et difficile à installer.

- La fibre monomode : elle a un cœur extrêmement fin de diamètre 9 microns. La transmission des données y est assurée par des lasers optiques émettant des longueurs d'onde lumineuses de 1300 à 1550 nanomètres et par des amplificateurs optiques situés à intervalles régulier. Les fibres monomodes les plus récentes sont compatibles avec la technologie de multiplexage dense en longueur d'ondes DWDM. C'est celle que l'on utilise sur les liaisons à longue portée car elles peuvent soutenir les hauts débits sur des distances de 600 à 2000 km par contre son câblage est onéreux et difficile à mettre en place.

La circulation des données informatiques s'effectue essentiellement par le biais de liaisons filaires. Cependant, dans certains cas la nécessité d'un autre support de communication se fait sentir. Ainsi, on peut également utiliser une :

- Liaison radio LAN (R-LAN – WIFI) qui utilise une bande de fréquence de 2.4 Ghz. Ce lien est utilisé dans des architectures en étoile où les stations sont équipées d'une carte PCMCIA et le concentrateur d'une antenne (borne sans fil), est connecté au réseau câblé. Ces liaisons sont régies par la norme IEEE 802.11 et la distance maximale station-borne se situe entre 50 et 200m. En fonction des spécifications, les débits maximales sont de l'ordre de : 11 Mbits/s, partagé (802.11b) ; 54 Mbits/s (802.11a). L'usage de ce type de support est fait à l'intérieur de bâtiment pour assurer une liaison provisoire (portables, salle de conférence), pour des locaux anciens où il est impossible d'effectuer un câblage). Les problèmes liés à ce support sont le débit limité qu'il offre et la sécurité qui n'est pas fiable (contrôle de l'espace de diffusion, …). Lorsque ce support est déployé pour les MAN, on parle de boucle local radio.
- Liaison laser : il permet d'implémenter des liaisons point à point (interconnexion des réseaux), la distance entre les sites peut varier de 1 à 2 km sans obstacles ; les débits pouvant aller de 2 à 10 Mbits/s. Elle n'est pas soumise à des conditions météorologiques par contre le réglage de la direction des faisceaux reste problématique.

La liaison laser peut être mise place essentiellement dans le cas d'un environnement ouvert, sans obstacle. Tandis que la liaison radio s'applique à toute sorte de configuration.

III. EQUIPEMENTS D'INTERCONNEXION

L'interconnexion de réseaux peut être locale: les réseaux sont sur le même site géographique ; dans ce cas, un équipement standard (répéteur, routeur, etc. ...) suffit à réaliser physiquement la liaison. Elle peut aussi concerner des réseaux distants. Il est alors nécessaire de relier ces réseaux par une liaison téléphonique (modems, etc..). Il demeure important de savoir l'utilité de ses équipements dans un réseau. Ils permettent de :

- Amplifier les signaux (électriques, optiques) et d'augmenter la distance maximale entre deux stations.

- ➢ Connecter des réseaux différents
  - Supports : coaxial, paire torsadée, fibre optique, radio, Hertzien,…
  - Protocoles couche liaison : Ethernet, FDDI, ATM
- ➢ Limiter la diffusion (Ethernet) :
  - Diminuer la charge globale du réseau : limitation des broadcast-multicast inutiles.
  - Diminuer la charge entre stations : limitation de la dépendance /charge des voisins : garantir une bande passante disponible entre deux station (une qualité de service).
- ➢ Limiter les problèmes de sécurité : diffusion, écoute possible (pas de confidentialité).
- ➢ Restreindre le périmètre de connectivité désirée :
  - Extérieur – intérieur : protection contre les attaques (sécurité)
  - Intérieur – extérieur : droits de connexion limités.
- ➢ Segmenter le réseau :
  - Un sous-réseau / groupe d'utilisateurs : entreprises, directions, services,…).
  - Séparer l'administration de chaque réseau
  - Créer des réseaux virtuels : s'affranchir de la contrainte géographique.
- ➢ Pouvoir choisir des chemins différents dans le transport des données entre 2 points : autoriser ou interdire d'emprunter certains réseaux ou liaisons à certains trafics.

La difficulté avec des équipements d'interconnexion réside dans le fait qu'ils sont conçus pour répondre à des besoins qui évoluent au cours du temps, ce qui rend leur durée de vie courte. Par contre ils sont retrouvés rapidement à moindre coût, chaque éléments offrant certaines fonctions, les prioritaires du marché de l'époque.

Le choix d'un équipement d'interconnexion demeure un compromis entre les fonctions désirées et le coût.

1. Répéteur

Un répéteur est un équipement qui permet d'étendre la portée du signal sur le support de transmission en générant un nouveau signal à partir du signal reçu (il augmente la puissance du signal reçu). Le but de cet élément est d'augmenter la taille du réseau ; il fonctionne au niveau de la couche 1 du modèle OSI. Il est transparent pour les stations de travail car il ne possède pas d'adresse Ethernet. Il offre un débit de 10 Mbits/s ; l'avantage de cet équipement est qu'il ne nécessite pas (ou très peu) d'administration. Par contre il ne diminue pas la charge du réseau, ne filtre pas les collisions, n'augmente pas la bande passante et n'offre pas de possibilité de réseau virtuel.

2. Hub

Le hub est un répéteur qui transmet le signal sur plus d'un port d'entrée-sortie. Lorsqu'il reçoit un signal sur un port, il le retransmet sur tous les autres ports. Il présente les mêmes inconvénients que le répéteur. Il assure en fonction annexe une auto-négociation du débit entre 10 et 100 Mbits/s, il est utilisé en extrémité du réseau et doit être couplé en un nombre maximum de 4 entre deux stations de travail.

3. Pont

Il est aussi appelé répéteur filtrant ou bridge en anglais. Le pont peut servir à la segmentation du réseau LAN pour réduire la congestion au sein de chaque segment. Les équipements de chaque segment se partagent la totalité de la bande passante disponible. Les ponts sont des équipements de couche 2 qui transmettent des trames de données en fonction de l'adresse MAC. Les ponts lisent l'adresse MAC de l'émetteur des paquets de données reçus sur les ports entrants pour découvrir les équipements de chaque segment. Les adresses MAC sont ensuite utilisées pour créer une table de commutation qui permet au point de bloquer les paquets qu'il n'est pas nécessaire de transmettre à partir du segment local.

4. Switch

Aussi appelé commutateur, en général, les stations de travail d'un réseau Ethernet sont connectés directement à lui. Un commutateur relie les hôtes qui sont connectés à un port en lisant l'adresse MAC comprise dans les trames. Intervenant au niveau de la couche 2, il ouvre un circuit virtuel unique entre les nœuds d'origine et de destination, ce qui limite la communication à ces deux ports sans affecter le trafic des autres ports. En plus de ces fonctions, il offre des avantages suivants ;

- ➤ Réduction du nombre de collision,
- ➤ Multiples communication simultanément,
- ➤ Amélioration de la réponse du réseau (augmentation la bande passante disponible),
- ➤ Hausse de la productivité de l'utilisateur,

Il convient de savoir les critères de choix techniques (performances) lors de l'achat de celui-ci :

- Bus interne avec un débit max de 10 Gb/s
- Vitesse de commutation nombre de trame/s
- Bande passante annoncée : 24 Gb/s
- Nombre d'adresse MAC mémorisable / interface.

5. Routeur

Aussi appelé commutateur de niveau 3 car il y effectue le routage et l'adressage, il permet d'interconnecter deux ou plusieurs réseaux. Possédant les mêmes composants de base qu'un ordinateur, le routeur sélectionne le chemin approprié (au travers de la table de routage) pour diriger les messages vers leurs destinations. Cet équipement est qualifié de fiable car il permet de choisir une autre route en cas de défaillance d'un lien ou d'un routeur sur le trajet qu'empreinte un paquet.

6. Passerelle

La passerelle relie des réseaux hétérogènes, elle dispose des fonctions d'adaptation et de conversion de protocoles à travers plusieurs couches de communication jusqu'à la couche application.

On distingue les passerelles de transport qui mettent en relation les flux de données d'un protocole de couche transport ; les passerelles d'application qui quant à elles réalisent l'interconnexion entre applications de couches supérieures. Malgré le fait que la passerelle est incontournable dans les grandes organisations, elle nécessite souvent une gestion importante.

7. Firewall

Très souvent pour sa mise en place, le firewall nécessite deux composants essentiels : deux routeurs qui filtrent les paquets ou datagrammes et une passerelle d'application qui renforce la sécurité. En général le filtrage de paquet est géré dans des tables configurées par l'administrateur ; ces tables contiennent des listes des sources/destinations qui sont verrouillées et les règles de gestion des paquets arrivant de et allant vers d'autres machines. Très souvent des machines Unix peuvent jouer le rôle de routeur. La passerelle d'application quant à elle intervient pour surveiller chaque message entrant /sortant ; transmettre/rejeter suivant le contenu des champs de l'en-tête, de la taille du message ou de son contenu.

On trouve aussi sur le marché des équipements dédiés à la fonction de garde-barrière.

CHAPITRE II : ARCHITECTURE LOGIQUE

Afin de maintenir dans des limites raisonnables la localisation de tout problème dans un réseau dont l'ambition est initialement de connecter quelques ordinateurs, vous pouvez opter pour une architecture de réseaux routés. Ceci dans l'optique de limiter des collisions, des diffusions ou tout autre type de problèmes des réseaux partagés et surpeuplés. L'architecture logique nous permettra de trouver une solution après une analyse en termes de sous-réseaux, d'adressage IP en fonction de ces sous-réseaux, de plan d'adressage, du routage à implémenter dans le réseau.

I. ADRESSAGE IP

Une adresse IP est un numéro d'identification qui est attribué à chaque branchement d'appareil à un réseau informatique utilisant l'Internet Protocol. L'adresse IP est attribuée à chaque interface avec le réseau de tout matériel informatique (routeur, ordinateur, modem ADSL, imprimante réseau, etc...) lorsqu'il fait partie du réseau informatique utilisant l'Internet Protocol comme protocole de communication entre ses nœuds. Cette adresse est assignée individuellement par l'administrateur du réseau local dans le sous-réseau correspondant, ou automatiquement via le protocole DHCP. Ainsi l'adressage peut être statique ou dynamique. Si l'ordinateur dispose de plusieurs interfaces, chacune dispose d'une adresse IP. Une interface peut également disposer de plusieurs adresses IP. Une adresse est constituée de deux parties donc la partie réseau qui identifie le réseau auquel est connecté un équipement et la partie hôte qui, quant à elle, identifie l'équipement dans le réseau. La partie réseau est déterminée à partir du masque de sous-réseau.

Les adresses IP sont organisées en quatre classes (A, B, C, D) offrant chacune un certain nombre de sous-réseaux et de machines pouvant être adressable dans chaque sous-réseau.

En fonction de la taille du réseau vous pouvez être amené à créer des sous réseaux soit en implémentant les VLAN (si sous disposez des switchs et/ou des routeurs manageables), soit en utilisant les routeurs adaptés qui réduisent les domaines de diffusion et connectent à chacun de leur port un sous-réseau précis. Ceci est mise en place dans l'optique d'augmenter les performances du réseau du fait d'une réduction du nombre de ressource utilisant la bande passante au sein de chaque LAN.

II. PLAN D'ADRESSAGE

Lorsque vous devez créer un réseau d'entreprise, ce réseau restreint à un site ou interconnectant différents sites de l'organisation, il est primordial de réfléchir à un plan d'adressage. Cette opération a pour but de définir pour chaque réseau physique (LAN et WAN) une adresse IP. Chaque ordinateur, chaque composant actif doit avoir un moyen d'être identifié sur le réseau. Pour cela, une adresse IP lui est attribuée. Il y a deux types d'adressage IP ; « privée » qui permet la communication inter-entreprise et « publique » utilisée pour la communication vers, ou depuis Internet. Un organisme spécialisé fournit les adresses IP publiques. C'est donc un plan d'adressage IP privée que vous êtes sensés définir.

Pour définir la ou les classes d'adresses que vous allez choisir, vous tiendrez compte du nombre de réseau physique de votre réseau d'entreprise et du nombre de machines sur chacun de ces réseaux. Vous avez alors différentes possibilités :

➢ Votre choix des adresses réseaux IP est totalement libre (1.0.0.0, 2.0.0.0, 3.0.0.0, etc.). Vous définissez ainsi un plan d'adressage privé, mais vous ne vous assurez pas de l'unicité mondiale des adresses. Autrement dit, si vous envisagez un jour de connecter votre réseau à Internet, il y a de fortes chances que ces adresses soient déjà attribuées à d'autres sociétés. Vous aurez alors de sérieuses difficultés de routage vers Internet et vous serez obligé de rectifier le tir de deux façons possibles :

- sur votre point de sortie vers Internet vous placez un équipement (routeur ou Firewall) qui va modifier "à la volée" vos adresses de machines pour les rendre compatibles avec le plan d'adressage Internet. Cette fonction de translation d'adresse est appelée NAT.
- vous redéfinissez complètement votre plan d'adressage.

➢ Vous prévoyez votre interconnexion possible avec Internet et, à ce titre, souhaitez être compatible avec son plan d'adressage. Vous devez définir un plan d'adressage conforme au plan d'adressage public. Pour cela, vous demandez à des organismes spécifiques (NIC, AFNIC ou votre IAP) des adresses IP publiques qui vous seront réservées. Avec ces adresses réseaux vous définirez votre plan d'adressage interne. La difficulté de cette solution est qu'il y a une très grosse pénurie d'adresses IP publiques. C'est d'ailleurs une des raisons qui a conduit à redéfinir une nouvelle version du protocole IP, l'IP V6, qui propose un format d'adressage sur 16 octets. Vous aurez donc très peu d'adresses, et si votre réseau est important vous risquez d'être coincé.

➢ La dernière solution est d'utiliser des adresses dites non routables (adresses privée). Ce sont des adresses réseaux spécifiques qui ne sont et ne seront jamais utilisées sur Internet. Vous êtes ainsi sûr de ne pas avoir de conflit d'adressage. Ces adresses sont définies par une RFC spécifique, la RFC 1918.

Un plan d'adressage doit donner la possibilité d'ajouter un nouveau site, un nouveau service, ce qui laisse transparaître une évolutivité du réseau.

III. ROUTAGE

Les réseaux informatiques ont ceci d'intéressant: Ils couvrent des besoins aussi simples que la connexion entre deux hôtes sur un réseau local que l'interconnexion de systèmes à l'échelle planétaire (Internet). Internet et les réseaux IP sont composés d'un ensemble de réseaux reliés via des machines particulières que l'on appelle routeurs. Pour la communication au sein de ces réseaux, le protocole IP est capable de choisir un chemin (également appelé une route) suivant lequel les paquets de données seront relayés de proche en proche jusqu'au destinataire. C'est ainsi que le routage IP fonctionne de façon totalement décentralisée au niveau des machines qui constituent le réseau. Aucune n'a une vision globale de la route que prendront les paquets de données.

Le routage en lui-même est un processus par lequel des données transmises par un ordinateur d'un réseau sont acheminées vers leur destinataire qui est une machine d'un autre réseau. De ce fait sur un réseau, le rôle des routeurs se limite à analyser les paquets qu'ils reçoivent, puis à les acheminer à destination ou à informer l'expéditeur que le destinataire est inconnu et inaccessible. Il achemine ou relaie des paquets en fonction d'itinéraires définis dans sa table de routage. Une table de routage quant à elle, est une base de données qui établit une corrélation entre les adresses IP d'un segment de réseau et l'adresse IP des interfaces du routeur. Vous pouvez opter soit pour un routage statique soit pour un routage dynamique en fonction de vos besoins. Le routage statique consiste à configurer manuellement chaque table de routage ce qui implique une maintenance et une mise à jour manuelle. En routage statique, les routeurs ne se partagent pas de données. Ce routage est généralement utilisé au niveau des stations, dans certains routeurs d'extrémité. Lorsque la taille du réseau évolue, la maintenance et les paramétrages deviennent fastidieux, de ce fait ce routage est adapté pour les réseaux de petite taille. Lorsqu'un réseau atteint une taille assez importante, il est très lourd de devoir ajouter les entrées dans les tables de routage à la main. La solution est le routage dynamique. Cela permet de mettre à jour les entrées dans les différentes tables de routage de façon dynamique. Les deux protocoles de routage IP les plus utilisés pour les intranets sont le protocole RIP et le protocole OSPF.

CHAPITRE III : L'ADMINISTRATION DES EQUIPEMENTS ET LA SURVEILANCE, LES SERVICES RESEAUX ET OUTILS DE SECURITE

I. LES SERVICES RESEAUX (DNS, DHCP, LDAP, MESSAGERIE, WEB,…)

Un service réseau est une fonctionnalité assurée par un ordinateur consistant en l'aptitude à la fourniture d'informations à d'autres ordinateurs via une connexion réseau normalisée. Les services réseaux se basent sur des protocoles pour fournir des fonctionnalités qui sont accessibles par l'utilisateur au niveau de la couche 7 du modèle OSI (couche application). Comme services réseaux, on peut implémenter le service de résolution de noms (machines : DNS), l'attribution d'adresse (DHCP), la messagerie, l'annuaire, le web, …

1. Noms machines (DNS)

Le service DNS, né de la volonté de faciliter et de standardiser le processus d'identification des ressources connectées aux réseaux informatiques, il associe un nom à une adresse IP à chaque machine connectée au réseau. Ce principe de fonctionnement suscite une unicité des noms et le respect d'un nommage hiérarchique avec des domaines existants (.com, .edu, .org,…).

Pour déployer un serveur DNS dans un réseau, il faut définir l'adresse du réseau ; pour des organisations désirant donner un accès public à leur domaine, il faut acheter un nom de domaine chez un prestataire de services tout en assurant son unicité sur internet. Dans un réseau subdivisé en plusieurs sous réseaux, il doit y avoir un serveur DNS primaire par zone (sous réseau) et plusieurs serveurs secondaires sur lesquels on effectue des copies régulières des informations primaires pour des mesures de sécurité. Dans ce cas, une configuration des sous-domaines s'imposent.

2. Attribution d'adresse (DHCP)

Un serveur DHCP a pour rôle de distribuer des adresses IP à des clients pour une durée déterminée. Au lieu d'affecter manuellement à chaque machine une adresse statique, ainsi que tous les paramètres tels que serveur de noms, passerelle par défaut, nom du réseau, un serveur DHCP alloue à chaque client un bail d'accès au réseau, pour une durée déterminée (durée du bail). Il passe en paramètres au client toutes les informations dont il a besoin. Tous les nœuds critiques du réseau (serveur de nom primaire et secondaire, passerelle par défaut) ont une adresse IP statique, en effet si celle-ci variait, ce processus ne serait réalisable.

L'affectation et la mise à jour d'informations relatives aux adresses IP fixes peuvent représenter une lourde tâche. Afin de faciliter ce travail et de simplifier la distribution des adresses IP, le service DHCP via le protocole DHCP offre une configuration dynamique des adresses IP et des informations associées ; il peut également figer l'adresse de certains ordinateurs sur le réseau.

3. Messagerie

Le courrier électronique est aujourd'hui l'une des applications les plus populaires du réseau. Utilisé pour des applications très variées : personnelles, professionnelles, associatives, politiques, etc. En fait, pour fonctionner, la messagerie électronique s'appuie principalement sur des serveurs de messagerie, des protocoles de transport ainsi que sur des protocoles de contenu. Le serveur de messagerie est un logiciel de courrier électronique ayant pour vocation de transférer les messages électroniques d'un serveur à un autre.

Pour implémenter un service de messagerie, il est nécessaire de faire le choix de la forme des adresses, de répartir les serveurs (entrant/sortant), de définir les méthodes d'accès aux boites aux lettres et le format des messages :

- ➢ Choix de la forme d'adresse : il s'agit de définir quelle stratégie pour la forme des adresses email. Il est possible d'opter pour un forme canonique (ex : prénom.nom@...), soit faire apparaître le sous-domaine ou non (ex :

nom.prenom@labs.supemir.ma ou nom.prenom@supemir.ma), soit utiliser des adresses génériques (ex : info@..., helpdesk@).

- ➤ Répartition des serveurs : vu le double service (relais de message et hébergement de boîtes aux lettres) offert, le serveur entrant (serveur qui rapatrie les mails en local) peut assurer ces deux services ou uniquement le service de relayage de messages dans ce dernier cas les boîtes aux lettres sont sur des serveurs internes non accessibles sur internet. Le serveur sortant quant à lui passe de préférence par un seul serveur relais.
- ➤ Méthodes d'accès aux boîtes aux lettres : il est possible d'utiliser soit une connexion interactive sur le serveur (commande mail Unix,...), soit POP (l'utilisateur accède au serveur via un client de messagerie tel qu'un navigateur et la boîte aux lettres est transférée sur la station du client), soit IMAP (l'accès client est pareil à celui de POP mais la boîte aux lettres reste sur la station du client).
- ➤ Format de messages : MIME, S/MIME (MIME sécurisé).

4. Annuaires

Le service d'annuaire, sur un réseau TCP/IP utilise le protocole LDAP. Un annuaire électronique est une base de données spécialisée, dont la fonction première est de retourner un ou plusieurs attributs d'un objet grâce à de recherche multicritères. Contrairement aux SGBD, un annuaire est très performant en lecture mais l'est beaucoup moins en écriture. Il peut servir d'entrepôt pour centraliser des informations et les rendre disponibles via le réseau, à des applications, des systèmes d'exploitation ou des utilisateurs. La majorité des logiciels serveurs LDAP proposent un protocole de communication serveur-serveur pour assurer le service de réplication et de synchronisation des contenus, quand bien même la communication client-serveur est normalisée. La mise en service d'un annuaire électronique passe par les étapes suivantes :

- ➤ Détermination des besoins en service d'annuaire et ses applications.
- ➤ Définition du modèle de données : il est question ici de définir l'arborescence hiérarchique de l'annuaire (schéma), les classes d'objets à utiliser, leurs types d'attributs et leur syntaxe. Il faut également définir ici le modèle de nommage

qui définira comment les entrées de l'annuaire seront organisées, nommées et accédées.

➢ Définition du modèle fonctionnel : les opérations pouvant être effectuées sur le serveur (ajout, modification, recherche, comparaison, ...).

Pour aller plus loin, on peut penser à un modèle de sécurité.

5. Service web

A l'ère du village planétaire, la technologie des services web est aujourd'hui de plus en plus incontournable et se présente comme le nouveau paradigme des architectures logicielles. C'est une technologie qui permet à des applications de communiquer à travers le réseau Internet, indépendamment des plates-formes d'exécution et des langages de programmation utilisés. Dans les entreprises, l'accès aux serveurs web externes (Internet) fait très souvent l'objet d'une décision de la direction et non de l'administrateur réseau à fin d'attribuer des autorisations aux utilisateurs. Dans ce cas on peut implémente un proxy pour réglementer l'accès à Internet et la sécurité. Pour un déploiement d'un serveur web en interne (Intranet) au sein d'une organisation, le serveur doit héberger les informations internes, être placé dans un sous réseau et non accessible depuis l'extérieur. Contrairement à un serveur web externe (Extranet), les informations sont hébergées dans un sous-réseau public et accessible par tout internaute.

II. ADMINISTRATION DES EQUIPEMENTS

L'administration est une tâche qui requiert que le réseau soit fonctionnel et que les différents services soient implémentés. Avant d'entrer dans le vif du sujet il serait primordial de rappeler ce qu'il faut administrer dans le réseau : les hommes (administrateurs et utilisateurs), les standards (SNMP, ICMP,...), la configuration des équipements, la surveillance (détection des anomalies à travers des alarmes et des relevés sur une période indiquant des charges, des utilisations anormales), le dépannage, les stations d'administration, la sécurité. Ces tâches d'administration peuvent être d'après l'ISO, reparties sur cinq axes :

- ➤ La gestion de la configuration réseau (configuration management) : il convient de gérer la configuration matérielle et logicielle du réseau pour en optimiser l'utilisation ; de permettre des configurations à distance via des outils adéquats (Telnet, interface web) et le stockage des différentes configurations ; les serveurs ftp sont très souvent sollicités pour cette tâche.

- ➤ La gestion des anomalies : l'administration a pour objectif d'avoir un réseau opérationnel sans rupture de service, ce qui définit une certaine qualité de service ; on doit être à mesure de localiser le plus rapidement possible toute panne ou défaillance pour pouvoir y remédier.

- ➤ La gestion des performances (performance management) : consiste à contrôler à tout moment le réseau pour observer s'il est en mesure d'écouler le trafic pour lequel il a été conçu. Le délai, le débit, le taux d'erreur, la disponibilité sont autant des paramètres à prendre en compte pour l'évaluation.

- ➤ La gestion de la sécurité (security management) : on gère ici les contrôles d'accès au réseau, la confidentialité des données qui y transitent, leur intégrité et leur authenticité pour pouvoir les protéger contre tout dysfonctionnement, toute inadvertance ou toute malveillance. Un enregistrement de l'activité des utilisateurs plus précisément les événements significatifs, les actions interdites ou sensibles peut s'avérer nécessaire.

- ➤ La gestion de la comptabilité (accounting management) : évaluation de la consommation des ressources réseaux en fonction de la durée, du volume à des fins de facturation ou d'identification des stations saturant la bande passante.

Dans un réseau d'envergure, l'administration est fondamentale. Lors de la surveillance sur le réseau, les relevés du trafic doivent rester confidentiels à fin d'éviter toute atteinte à la vie privée des utilisateurs. On peut utiliser des outils pour l'administration du réseau car il en existe une panoplie tant du domaine privé que public. Chaque outil ayant un but particulier, il incombe à l'administrateur de bien savoir ce qu'il veut obtenir. Quelques exemples de choix de logiciel du domaine public :

- Outil de dépannage : tcpdump : analyseur sur station Unix
- Outil de surveillance de liaison : MTR : utilise ping et traceroute, il détecte rapidement une anomalie sur une liaison (coupure, engorgement), sort des statistiques

- Outil de surveillance de trafic : NTOP : sonde, indique à quoi est utilisé le réseau (charge, stations les plus bavardes, qui dialogue avec qui, avec quels protocoles,…) sur une courte période.
- Outil de métrologie : cricket basé sur MRTG : il interroge des routeurs, commutateurs sur SNMP, donne l'aperçu de la charge, du trafic sur un longue période.

III. POLITIQUE DE SECURITE

1. Généralités

Avec le développement de l'utilisation d'internet, de plus en plus d'entreprises et des écoles ouvrent leur système d'information (ensemble des moyens dont le fonctionnement fait appel, d'une façon ou d'une autre, à l'électricité et destinés à élaborer, traiter, stocker, acheminer et ou présenter) à des utilisateurs externes (partenaires, fournisseurs, membres de l'administration) au réseau local, il est dont essentiel de connaître les ressources de l'entreprise à protéger et de maîtriser le contrôle d'accès et les droits des utilisateurs du système d'information. Il en va de même lors de l'ouverture de l'accès de l'entreprise sur Internet.

Le système d'information représente un patrimoine essentiel de l'entreprise, qu'il convient de protéger. La sécurité informatique, d'une vue générale, consiste à assurer que les ressources matérielles ou logicielles d'une organisation sont uniquement utilisées dans le cadre prévu. La sécurité vise généralement cinq objectifs :

- ➢ L'intégrité, autrement dit garantir que les données sont bien celles que l'on croit être,
- ➢ La confidentialité, consistant à assurer que les seules personnes autorisées aient accès aux ressources qu'ils échangent,
- ➢ La disponibilité, permettant de maintenir le bon fonctionnement du système d'information pour assurer un accès permanant,
- ➢ La non répudiation, assurant la garantie qu'aucune transaction ne peut être niée,
- ➢ L'authentification, visant la vérification de l'identité des acteurs de la communication.

2. Vulnérabilité et les attaques

Avec la libre circulation des informations et la haute disponibilité de nombreuses ressources, les responsables doivent connaître toutes les menaces successibles de compromettre la sécurité du fait de la vulnérabilité de leur réseau. Toute faiblesse dans un SI qui permet à un attaquant de porter atteinte à l'intégrité de ce système, c'est-à-dire à son fonctionnement normal, à la confidentialité et l'intégrité des données qu'il contient est appelée une vulnérabilité. Au fil des années, la sécurité des SI devient un besoin absolue, alors même que la complexité de ces systèmes s'accroît, ils deviennent donc plus vulnérables aux menaces.

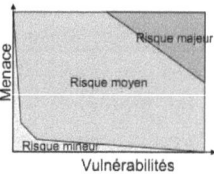

Figure 1 : Evolution du risque en fonction de la vulnérabilité et de la menace.

Cependant les organisations sont peu ou presque pas protégées contre des attaques sur le réseau. Des raisons démontrent pourtant bien cet état de vulnérabilité des systèmes :

- ➢ La sécurité est onéreuse, les entreprises n'ont pas souvent de budget attribué à ce domaine, soulignant en parallèle la raison selon laquelle la sécurité ne peut être fiable à 100% du fait des bugs dans les applications, exploitables par les attaquants ;
- ➢ Les organisations attribue un degré de priorité minime ou presque qu'inexistant à la sécurité ;
- ➢ L'utilisation de la cryptographie qui a ses faiblesses, avec des mots de passe pouvant être cassés ;
- ➢ L'attaque d'un système fiable par des personnes abusant de leurs droits légitimes ;
- ➢ Faiblesses dues à la gestion et à la configuration des systèmes ;

> Emergence de nouvelles technologies, et par là même, de nouveaux points d'attaques.

Les attaques (n'importe quelles actions qui compromettent la sécurité des informations) informatiques constituent aujourd'hui l'un des fléaux de notre civilisation moderne. Il est régulier de suivre que telle entreprise ou tel institut a essuyé de lourdes pertes financières en raison d'une défaillance de la sécurité de son système d'information. Par conséquent les entreprises ne peuvent pas ignorer ces risques et se croire à l'abri de telles épreuves sachant que les attaques ont des buts précis qui visent des mécanismes de sécurité précis très souvent implémentés dans les réseaux :

- Interruption d'un service : vise la disponibilité des informations,
- Interception des données : vise la confidentialité des informations,
- Modification des données : vise l'intégrité des informations,
- Fabrication des données : vise l'authenticité des informations.

3. Solution à la sécurité

La sécurité des SI fait très souvent l'objet de métaphores. L'on la compare régulièrement à une chaine en expliquant que le niveau de sécurité d'un système est caractérisé par le niveau de sécurité du maillon le plus faible. Ainsi, une porte blindée est inutile dans un bâtiment si les fenêtres sont ouvertes sur la rue. Cela signifie qu'une solution de sécurité doit être abordée dans un contexte global et notamment prendre en compte les aspects suivants :

> La sensibilisation des utilisateurs aux problèmes de sécurité ;

> La sécurité logique, c'est-à-dire la sécurité au niveau des données, notamment les données de l'entreprise, les applications ou encore les systèmes d'exploitation ;

> La sécurité des télécommunications : technologies réseaux, serveurs de l'entreprise, réseaux d'accès, etc ;

> La sécurité physique, soit la sécurité au niveau des infrastructures matérielles : salles sécurisées, lieux ouverts au public, espaces communs de l'entreprise, stations de travail des personnels, etc.

Etant donné les enjeux financiers qu'abritent les attaques, les SI se doivent de nos jours d'être protégés contre les anomalies de fonctionnement pouvant provenir soit d'une attitude intentionnellement malveillante d'un utilisateur, soit d'une faille rendant le système vulnérable.

Du fait du nombre croissant de personnes ayant accès ces systèmes par le billet d'Internet, la politique de sécurité se concentre généralement sur le point d'entrée du réseau interne. La mise en place d'un pare-feu est devenue indispensable à fin d'interdire l'accès aux paquets indésirables. On peut, de cette façon, proposer une vision restreinte du réseau interne vu de l'extérieur et filtrer les paquets en fonction de certaines caractéristiques telles qu'une adresse ou un port de communication. Bien que ce système soit une bastille, il demeure insuffisant s'il n'est pas accompagné d'autres protections, entre autres :

- La protection physique des informations par des accès contrôlés aux locaux,
- La protection contre les failles de configuration par des outils d'analyse automatique des vulnérabilités du système,
- La protection par des systèmes d'authentification fiables pour que les droits accordés à chacun soient clairement définis et respectés, ceci afin de garantir la confidentialité et l'intégrité des données.

Implémenter la sécurité sur les SI, consiste à s'assurer que celui qui modifie ou consulte des données du système en a l'autorisation et qu'il peut le faire correctement car le service est disponible. Toujours est-il que même en mettant en place tous ces mécanismes, il reste beaucoup de moyens pour contourner ces protections. Afin de les compléter, une surveillance permanente ou régulière des systèmes peut être mise en place à savoir:

- Les systèmes de détections d'intrusions ayant pour but d'analyser tout ou partit des actions effectuées sur le système afin de détecter d'éventuelles anomalies de fonctionnement.
- L'utilisation des antivirus professionnels accompagnés de leurs mises à jour régulières.
- L'utilisation d'un serveur proxy dont le but est d'isoler une ou plusieurs machines pour les protéger. De plus le proxy possède un avantage supplémentaire en termes de performance.
- L'utilisation de la technologie RAID qui signifie **« ensemble redondant de disques indépendants »** qui permet de constituer une unité de stockage à partir

de plusieurs disques et d'y effectuer des sauvegardes régulières à partir de plusieurs disques durs. L'unité ainsi constituée (grappe) a donc une grande tolérance aux pannes ou une plus grande capacité et vitesse d'écriture. Une telle répartition de données sur plusieurs disques permet d'augmenter la sécurité et de fiabiliser les services associés.

CHAPITRE VI : LES CONNEXIONS EXTERNES ET INTERNES

I. ACCES A INTERNET

A partir du LAN d'une entreprise, quel que soit la station qui désire accéder à la toile, il est possible d'exploiter l'une des trois méthodes ci-après :

- Connexion directe (sans NAT) : dans cette méthode, la station interne qui fait office de passerelle d'accès au réseau externe doit disposer d'une adresse IP officielle (publique) qui lui permettra de l'identifier sur internet.

- Connexion directe avec NAT : dans ce cas, la station interne se contentera d'une adresse IP privée, ses requêtes passeront par un NAT qui lui a une adresse IP public. Le NAT se chargera de traduire l'adresse de la station locale puisque celle-ci n'est pas routable autrement dit autorisée sur internet du fait qu'elle n'est pas unique. Ce mécanisme de NAT permet notamment de faire correspondre une seule adresse externe publique visible sur internet à toutes les adresses d'un réseau privée, et pallie ainsi à l'épuisement des adresses IPV4.

- Proxy-cache web : la station interne a une adresse privée et est configurée pour utiliser le serveur proxy lorsqu'elle émet une requête web ; c'est donc au tour du proxy d'envoyer la requête sur le serveur web externe. Cet état des fait ouvre deux sessions TCP (http) : station-proxy et proxy-serveur web, conserve une cache web en interne, permet un gain de la bande passante.

De ces trois méthodes, la plus sécurisée est la dernière ; elles sont ainsi énumérées suivant le degré de sécurité le moins élevé.

II. ACCES DEPUIS L'INTERNET

Dans une architecture réseau où certains services tels la messagerie, le web sont parfois utilisés hors du réseau local, il convient de placer les serveurs hébergeant ces services dans une DMZ (zone démilitarisée) qui doit être semi ouverte à fin d'autoriser les accès externes. A défaut d'héberger ce service dans la zone démilitarisée, l'entreprise peut opter également solliciter les services d'un fournisseur d'accès ou d'un hébergeur. Les stations de la DMZ doivent être des stations dédiées c'est-à-dire réservées pour des tâches précises à fin de limites les risques d'attaques du réseau local.

En matière de sécurité, vu les nombreuses failles de sécurité que présentent l'environnement Windows (serveur web IIS en l'occurrence), il est préférables d'utiliser les logiciels libres (ex : apache) et les systèmes Unix car ils présent moins de vulnérabilité ; tout en prévoyant un mécanisme de mise à jour.

En général, accéder à partir de L'Internet au réseau local de l'entreprise concerne les tâches telles que :

> ➢ La consultation de la messagerie et l'émission des messages,
> ➢ L'accès (interactif) aux stations interne,
> ➢ Le transfert de fichiers
> ➢ L'accès global à toutes les ressources de l'Intranet (réseau interne) de manière sécurisée (absence de mot de passe en clair sur le réseau)

Pour réduire la vulnérabilité du réseau local, il convient de sécuriser les moyens d'accès à ses tâches. L'accès interactif aux stations internes (Telnet), POP, IMAP,... présente une vulnérabilité élevée, ainsi il est nécessaire de les coupler avec le protocole de sécurisation des échanges SSL, qui assure la sécurité (confidentialité, intégrité et authentification) des transactions sur internet. Au niveau applicatif, on peut également sécuriser l'accès interactif et le transfert de fichiers en utilisant SSH ; penser à intégrer un garde-barrière dans la chaîne de sécurité.

Un accès complet à toutes les ressources internes requiert davantage de sécurité. De ce fait l'entreprise peut opter pour l'implémentation d'un VPN qui est une bonne alternative aux liaisons spécialisées qui bien qu'étant plus fiables sont onéreuses. Le VPN utilise le principe de tunneling pour la communication entre le deux points distants via les protocoles tels que PPTP, L2TP, IPSec.

Tous ces mécanismes de sécurité requièrent des compétences pointues pour ne pas créer des trous de sécurité dans les configurations ; ils ne garantissent pas une sécurité à 100% contre des attaques et des vols d'information, d'où il est primordial de prévoir des sauvegardes.

CHAPITRE V : MISE EN PLACE D'UN RESEAU SOLIDE

I. CARACTERISTIQUES D'UN RESEAU FIABLE

Qui dit réseau solide dit un réseau qui offre une certaine :

➢ **Disponibilité**, autrement dit la capacité à être prêt à fournir un service (la probabilité qu'un service soit en bon état de fonctionnement à un instant donné). Dans un réseau, la disponibilité est plus qu'un but ou une vision abstraite. Si le réseau venait à être inaccessible, la communication et la collaboration s'arrêteront, ainsi la productivité de des utilisateurs se verrait réduite. L'importance de maintenir un réseau constant et fiable ne doit donc pas être sous-estimée car la disponibilité du réseau est essentielle. La disponibilité touche les aspects tels que :

- Les liaisons avec le réseau public : chaque contrat avec un opérateur doit garantir par exemple un certain délai de rétablissement du lien en cas de dysfonctionnement. Ce même principe doit être définit en interne.

- Les équipements matériels d'interconnexion : il est important de conclure des contrats de maintenance avec des entreprises sous-traitantes pour le dépannage des équipements en cas de panne, et d'obtenir une garantie lors de l'achat du matériel. Une sous-estimation de ces aspects peut engendrer de graves conséquences sur la productivité d'une entreprise.

➢ **Tolérance aux pannes** : les pannes sont des éléments perturbateurs mettant en cause la sécurité des données confiées aux serveurs ou encore le bon fonctionnement des liaisons avec le réseau public. Qu'elles soient permanentes (dommages physiques, erreur de conception du matériel ou du logiciel), transitoires (perturbations électriques, électromagnétiques ou de température), ou intermittentes, elles peuvent avoir de multiples causes. Tout dispositif technique permettant de palier à ces différentes pannes sans interrompre la bonne marche du système peut être considérée comme tolérant les pannes. En pratique, cela implique presque toujours une redondance du matériel, gérée par un dispositif soft ou hard et assurant la transition active de l'élément défectueux vers celui de réserve. Autrement dit, le matériel est systématiquement remplacé par un autre aux fonctionnalités équivalentes, sans affecter durablement la productivité globale du système. Quelques solutions envisageables dans ce domaine seraient :

- Redondance des liaisons c'est-à-dire existence de deux points d'arrivé des liaisons externes différentes.

- Routage dynamique : il est utilisé dans un réseau maillé de routeurs pour permettre de basculer d'un chemin à un autre sans intervention manuelle. Il consiste à établir plusieurs chemins différents pour une destination mais avec des poids différents.

- Serveurs secondaires : pour les services (DNS, messagerie, web,…) implémentés dans le réseau local, on peut également déployer des serveurs relais qui sont de fournir les mêmes services en cas d'indisponibilité des serveurs primaires.

➢ **Sécurité** : les problèmes liés à la sécurité, souvent très onéreux, peuvent être l'indisponibilité des serveurs, du réseau, les vols d'information, des attaques qui viennent parfois du réseau local. Les outils pour y remédier sont tellement disparates (un peu à tous les niveaux) et ne colmatent qu'une partie des failles du fait des nouvelles sorties. De plus le protocole réseau IP qui n'assure aucune fiabilité ne rend pas cette tâche facile. Vue l'importance de la sécurité, il s'avère utile de coupler plusieurs outils et mécanismes pour au moins s'assurer une meilleure protection.

➢ **Qualité de service** : qui dit qualité de service dit la capacité à véhiculer dans de bonnes conditions un type de trafic donné, en termes de débit, latence (délai de transmission), taux de perte de paquets, gigue (variation de la latence). Ce problème ne se pose pas quand la bande passante est à profusion, c'est le cas généralement des LAN. Par contre le besoin d'assurer une qualité de service s'impose quand la bande passante est limitée et chère, c'est le cas dans les WAN ; la difficulté augmente avec la présence d'un ou de plusieurs opérateurs. L'utilisation des mécanismes tels que Diffserv (classification du trafic) ou RSVP (réservation de ressources) serait autant de solution pour pallier au problème de la QOS.

II. ELABORATION D'UNE ARCHITECTURE (PHYSIQUE ET LOGIQUE)

Construire un réseau fiable revient à réaliser les différentes étapes ci-après tout en tenant compte des aspects ci –dessus :

- ➢ Réaliser une architecture (physique et logique) simple
- ➢ Etablir des cahiers de charge pour chaque évolution (les fonctionnalités désirées)
- ➢ Choisir les équipements spécialisés
- ➢ Réservation des machines dédiées
- ➢ Définir les services réseaux

En tant qu'ingénieur, il est important de définir les besoins vitaux (ceux-ci dépendent des applications à déployer) à fin de travailler avec des moyens dont on dispose ; de chaque incident devra être consigné une leçon car l'expérience est très utile. Vue l'envergure des tâches, les services des entreprises du métier sont à explorer, toujours est-il que nous devons comprendre et contrôler tous les aspects.

DEUXIEME PARTIE : ETUDE DE CAS : IMPLEMENTATION D'ARCHITECTURE RESEAU SECURISEE : CAS DE SUPEMIR

CHAPITRE I : ANALYSE ET CRITIQUE DU RESEAU EXISTANT

I. ETUDE DE L'EXISTANT

Une meilleure compréhension de l'environnement informatique aide à déterminer la portée du projet et de la solution à implémenter. Il est indispensable de disposer d'informations précises sur l'infrastructure réseau et les problèmes qui ont une incidence le fonctionnement du réseau. En effet ces informations vont affecter une grande partie des décisions que nous allons prendre dans le choix de la solution et de son déploiement.

1. Présentation du réseau de SUPEMIR

Le réseau de SUPEMIR, est un réseau Ethernet commuté à 100Mbps, essentiellement basé sur une topologie étoile. La norme de câblage réseau utilisée est T568A au détriment de T568B. Il ne dispose d'aucune subdivision en sous-réseau, ni d'aucun control d'accès au réseau public pareil qu'au réseau local ; ceci laisse libre cour aux potentiels attaques et vols d'informations dont peut être victime les ordinateurs de l'administration.

2. Architecture du réseau existant

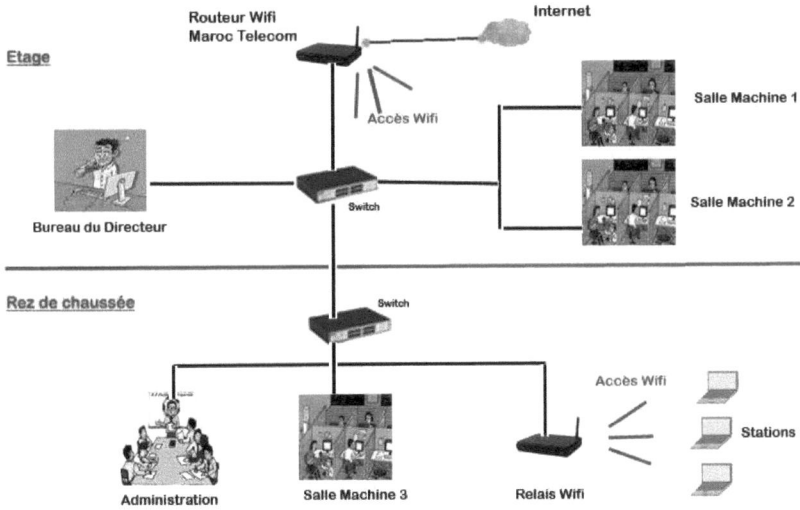

Figure 2 : Architecture du réseau existant

3. Analyse du parc informatique

Le parc informatique de SUPEMIR compte environ une quarantaine d'ordinateurs de type pentium IV, reparti sur un seule site donc un local technique, deux salles machine (laboratoire) et le bureau des étudiants au premier étage. Au rez de chaussé, il y'a une salle machine et la direction. L'architecture est de type égal à égal (peer to peer en anglais), contrairement à une architecture de type client/serveur, il n'y pas de serveur dédié. Ainsi chaque station est en partie client et en partie serveur, autrement dit chacun des ordinateurs du réseau est libre de partager ses ressources.

Inconvénients :

> ➢ Ce système n'est pas du tout centralisé, ce qui le rend très difficile à administrer
>
> ➢ La sécurité est très peu présente
>
> ➢ Aucun maillon du système n'est fiable

Les systèmes d'exploitation installés sur les postes clients sont de la plate-forme Microsoft, plus précisément Windows XP, service pack 2 version 2002.

Les postes sont dimensionnés comme suit :

Mémoire RAM	Capacité disque dur	Caractéristiques Processeur
512 – 1Ghz	20 – 40 Go	2.80 Ghz

Tableau 1 : Caractéristiques des ordinateurs du réseau de SUPEMIR.

4. Les équipements d'interconnexion

Dans une architecture, le matériel d'interconnexion représente le cœur du réseau. S'il est mal configuré (équipement manageable), il peut avoir des effets néfastes sur le trafic réseau, allant à la détérioration de celui-ci. Le réseau de SUPEMIR comporte des commutateurs qui de par leur fonction permettent de réduire les domaines de collision, et un routeur auquel tout le a accès, ce qui laisse le droit à tout un chacun de le manipuler à sa guise.

Le réseau se constitue des équipements d'interconnexion suivants :

Equipement	Modèle	Nombre de port	Nombre
Routeur	Fast@™ 3320 V2	1 port USB 1 port ADSL 2 ports RJ-11 FXO 4 ports RJ-45	1
Point d'accès	ZyXEL NWA1100-N	1 port RJ-45	1
Switch	TrendNet TE100-S24	24 ports RJ-45	1
Switch	DLink DES 1016D	16 ports RJ-45	1

| Switch | 3Com 3C16471 | 24 ports RJ-45 | 1 |
| Switch | D-Link DES-1008D | 8 ports RJ-45 | 4 |

Tableau 2 : Equipements d'interconnexion

5. Adressage, connexion externe

Comme dit précédemment, le réseau de SUPEMIR n'est pas segmenté en sous-réseau, ainsi l'adresse privée 192.168.1.0/24 est utilisée. Le réseau ne dispose vraiment pas d'un véritable plan d'adressage ; le routeur que l'opérateur offre intègre un serveur DHCP qui attribue systématiquement une adresse IP à tout ordinateur qui se connecte au réseau de l'école. Par ailleurs certains ordinateurs utilisent des adresses statiques. Vu qu'il n'y pas d'équipement d'interconnexion manageable, seul le protocole IGMP activé par défaut par l'opérateur est utilisé ; le routeur intègre la fonction NAT qui permet de masquer les adresses privées du réseau local qui accèdent à Internet.

Le réseau local est connecté au réseau public via une liaison spécialisée d'un opérateur local (Maroc Telecom) qui fournit un modem/routeur ADSL à cet effet.

II. CRITIQUE DE L'EXISTANT ET SPECIFICATION DES BESOINS

1. Critique de l'existant

Une analyse du réseau de SUPEMIR nous a permis de définir un nombre de contraintes pouvant réduire ses performances voir sa dégradation ; et de plus certains de ces contraintes peuvent être un obstacle à la réalisation de la mission de SUPEMIR :

- ➢ Trafic web important
- ➢ Volume accru du trafic généré par chaque utilisateur

- Accès non restreint aux données de l'administration
- Libre accès au routeur (paramètres de configuration)
- Démotivation de certains professeurs
- Conflit d'adressage IP

2. Spécification des besoins

Suite à la critique de l'existant, quelques besoins ont été relevés à fin de pallier aux contraintes précédemment mentionnées.

a. Besoins fonctionnels

Les besoins fonctionnels expriment une action qui doit être menée sur l'infrastructure à définir en réponse à une demande. C'est le besoin exprimé par le client; ce besoin peut être exprimé de manière fonctionnelle mettant en évidence les fonctions de services (pour répondre à la question «A quoi ça sert ?») et les fonctions techniques (comment cela peut marcher ?). Dans ce cadre, nous allons :

- Déployer un serveur DHCP dans le but de centraliser la gestion de l'adressage et d'éviter des conflits d'adresses IP,
- Déployer un serveur DNS qui permettra la résolution de nom dans le réseau local,
- Déployer un serveur Web pour une haute disponibilité en cas de rupture du lien avec le réseau public,
- Déployer un serveur mandataire générique qui va relayer différentes requêtes et entretenir un cache des réponses. Il permettra aussi de sécurisé le réseau local,
- Déployer un firewall pour protéger le réseau interne,
- Déployer un serveur de mail pour la gestion de la messagerie local,
- Déployer un serveur de fichiers à fin de mieux gérer les droits d'accès aux informations de l'école.

b. Besoins non fonctionnels

Les besoins non fonctionnels représentent les exigences implicites auquel le système doit répondre. Ainsi à part les besoins fondamentaux, notre système doit répondre aux critères suivants :

- La simplicité d'utilisation des services implémentés,
- La centralisation de l'administration,
- La sécurité des accès (local, mot de passe : longueur, caractères spéciaux, politique de réutilisation),
- La performance du réseau (temps de réponse),
- La disponibilité (heures de connexion),
- La fiabilité (moyenne de temps de bon fonctionnement, Le temps moyen de Rétablissement),
- La gestion des sauvegardes (fichiers, mails),
- La documentation du réseau.

III. LES SOLUTIONS

Les solutions que nous avons proposées consistent à déployer les différents services, sécuriser les accès à ces services et implémenter une sécurité accrue à travers un filtrage de paquet au niveau du firewall et un proxy cache jouant le rôle d'un firewall à relayage de paquets. Nous proposons également une sécurité sur un plan global en faisant référence à la mise en place d'un local technique, la restriction des accès.

L'enjeu principal d'une architecture réseau sécurisée, est de pouvoir est de pouvoir réglementer les accès aux ressources du réseau tant à partir du réseau local qu'à l'extérieur, tout en essayant au maximum de limiter les failles d'éventuelles attaques ou vols d'informations à fin d'accroître la sécurité du réseau local. En effet, face à des applications telle la messagerie qui permettent la mobilité donc les accès d'origine diverse, il est toujours important de définir une architecture fiable de sécurisation du réseau. L'implémentation d'une telle architecture aboutira à un gain en termes de performance et sécurité du réseau.

CHAPITRE II : PHASE DE PLANIFICATION DU DEPLOIEMENT

I. PLANIFICATION DU DEPLOIEMENT

Une bonne mise en œuvre des solutions requiert une bonne planification. Dans cette phase, nous allons présenter le matériel et les prérequis nécessaires à la mise en place de la solution.

Il est important de noter les différentes contraintes qui pourront être rencontrées :

- ➢ Les services rendus à l'utilisateur doivent être interrompu le moins longtemps possible pendant les heures de travail
- ➢ L'accès aux pages web ne doit pas être de piètre performance du fait de la mise en place de la DMZ.

1. Matériels utilisés

Matériel/nom	Système d'exploitation	Services installés	Spécifications techniques	Adresse IP
Routeur / sagembox.home	-	-	1 port USB 1 port ADSL 2 ports FXO 4 ports RJ-45	LAN : 192.168.1.1 WAN : dynamique
PC /	Red Hat Enterprise Linux server release 5	Iptables (natif à Red Had)	RAM 1Go Processeur Intel® Pentium 4 CPU	Eth0 192.168.1.10 Eth1 192.168.2.

srvfirewall	Noyau 2.6.18-8 el5xem			2.80Ghz DD 20Go	1 Eth2 192.168.4.1 Eth3 192.168.3.1
PC /srvsupemir2	Ubuntu 10.10 Noyau linux 2.6.35-22-generic, GNOME 2.32.0	Squid squidGuard webmin		RAM 1Go Processeur Intel® Pentium 4 CPU 2.80Ghz DD: 40Go	192.168.2.2
PC /srvsupemir3	Ubuntu 10.10 Noyau linux 2.6.35-22-generic, GNOME 2.32.0	DHCP DNS Postfix+squirrelmail Samba Webmin		RAM 1Go Processeur Intel® Pentium 4 CPU 2.80Ghz DD: 40Go	192.168.3.254
PC /srvsupemir4	Ubuntu 10.10 Noyau linux 2.6.35-22-generic, GNOME 2.32.0	Web : xampp		RAM 1Go Processeur Intel® Pentium 4 CPU 2.80Ghz DD: 20Go	192.168.4.2
Switch	-	-		24 ports RJ-45	-

Tableau 3 : **Matériels pour le déploiement.**

2. Pré-requis

Dans ce document il est question de créer des serveurs particuliers, ce qui requiert dans un environnement Unix la connaissance de certaines commandes. Nous les présentons ici qui permettra par la suite de s'en passer de longues explications et se limiter aux différentes commandes et modifications de fichier de configuration. Nous allons donc rappeler quelques commandes Unix que nous avons utilisé :

cd - changer de répertoire,
vi - éditeur système,
df - afficher l'espace disponible,
more - afficher un fichier page à page, (la touche **x** permet de passer une page),
grep - filtrer la sortie,
chmod - changer les droits d'accès à un fichier, (**chmod +x** rendre un fichier exécutable),
cp - copier de fichiers,
find - rechercher de fichiers,
man - afficher l'aide sur une commande,
mkdir - créer un dossier,
mv - déplacer un fichier,
passwd - changer le mot de passe,
ps - lister des process,
pwd - afficher le chemin du dossier en cours,
rm - détruire un fichier,
adduser - useradd (suivant la distribution et l'installation) ajouter un utilisateur,
userdel - supprimer un utilisateur,
addgroup - groupadd - ajouter un group
wget - télécharger un fichier, elle est souvent utilisée pour les installations manuelles,
chgrp - changer un fichier de groupe,
chown - changer le propriétaire d'un fichier,
ln - créer un lien sur un fichier,
ls - lister des fichiers,
rmdir - détruit un dossier,
tar - sauvegarde / compresse,
mount - monte un système de fichier,
ifconfig - Affiche les informations d'une interface, configure une interface, assigne une adresse, assigne un masque de sous-réseau, active et désactive une interface,
route - ajoute un route dans la table de routage,
killall - tue un processus mais au lieu d'indiquer le PID vous indiquerez le nom du processus,
smbpasswd -

/**etc** - contient la plupart des fichiers de configuration du système Linux,
/**dev** - contient les fichiers correspondant au matériel,
/**proc** - contient les fichiers de processus, avec pour les fichiers portant un numéro: leur ID,
/**var** - contient la plupart des variables,
/**var/log** - contient la plupart des fichiers de log générés par le système,
init.d/ - contient les scripts de démarrage (**/etc/init.d**).

3. Architecture de mise en œuvre

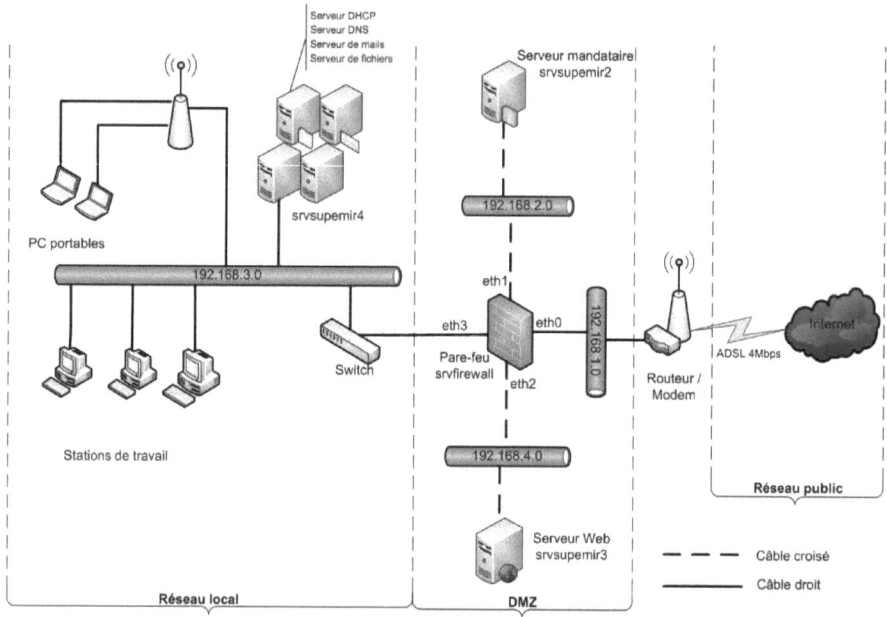

Figure 3 : Architecture du réseau de SUPEMIR

Dans cette nouvelle architecture, le réseau de l'école est scindé en deux parties : le réseau local et la DMZ. On voit également sur cette architecture la liaison avec le réseau public. Dans la nouvelle infrastructure, nous disposons de trois serveurs (srvsupemir2, srvsupemir2, srvsupemir2) et un firewall (PC/linux nommé srvfirewall) sur lesquels sont déployés les différents services. Le routeur de l'opérateur joue le rôle de passerelle entre le réseau de l'école et le réseau public.

4. Architecture de déploiement

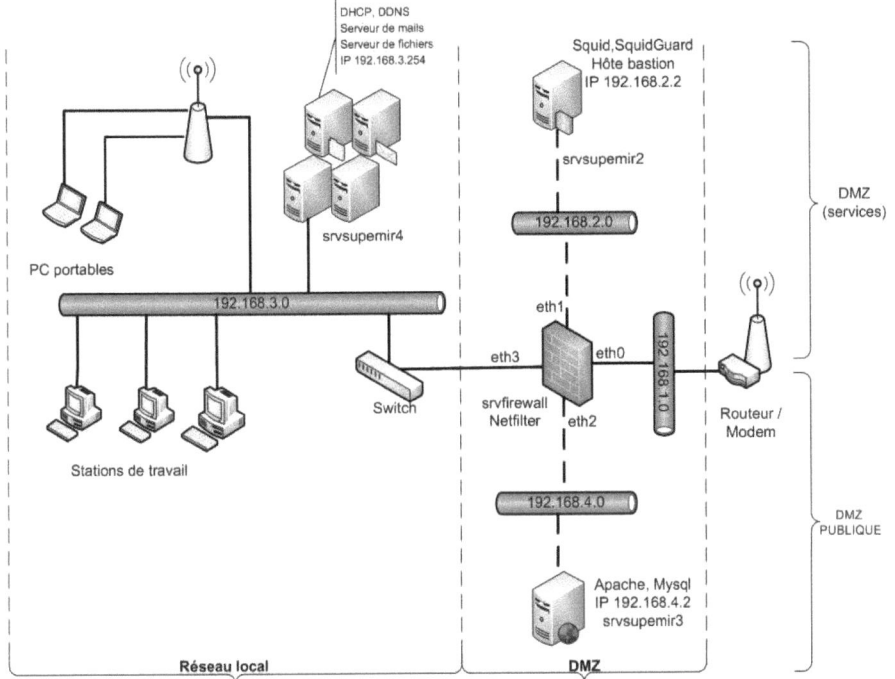

Figure 4 : Architecture de déploiement.

A travers le logiciel Microsoft Visio, nous avons reproduit notre environnement de travail (figure ……). Cet environnement nous permettra d'aboutir à une bonne configuration de notre solution.

II. LES DIFFERENTS SERVICES ET L'ADRESSAGE

1. Services

Vu les contraintes de matériels, nous avons cumulé plusieurs services sur un des serveurs, il s'agit du serveur nommé srvsupemir3. Nous avons opté pour une plate-forme open source, ainsi tous les logiciels que nous avons utilisés pour déployer les services sont des logiciels open-source. Les services sont repartis comme suit sur les serveurs :

srvsupemir2 : il est installé sur cet ordinateur le serveur mandataire Squid http qui est une solution open-souce, il est couplé à SquidGuard qui est également une solution open-source qui permet le filtrage en servant des URI (uniform ressouce Identifier). Nous avons aussi installé le logiciel webmin pour une administration en mode graphique.

srvsupemir3 : il héberge notre serveur web. Nous y avons utilisé xampp qui est un ensemble complet de services pour faire tourner un serveur web.

srvsupemir4 : sur ce poste est installé les services DHCP, DNS, messagerie, partage de fichier.

srvfirewall : ici nous n'avons pas installé un service particulier, nous avons utilisé iptables qui est un firewall natif aux systèmes Unix.

2. Adressage

Le plan d'adressage IP que nous avons utilisé est le suivant :

Serveur	Adresse IP	Passerelle	Sous-réseau	Zone
srvsupemir4	192.168.3.254	192.168.3.1	192.168.3.0/24	Réseau local
srvsupemir2	192.168.2.1	192.168.2.1	192.168.2.0/24	DMZ (service)
srvsupemir3	192.168.4.2	192.168.4.1	192.168.4.0/24	DMZ (public)
srvfirewall	Eth0 192.168.1.11 Eth1 192.168.2.1 Eth2 192.168.4.1 Eth3 192.168.3.1	192.168.1.1		DMZ

Tableau 4 : Plan d'adressage

Nous avons utilisé un adressage statique pour ces serveurs à fin de faciliter l'accès aux ressources qu'elles hébergent.

CHAPITRE III : PHASE DE MISE EN ŒUVRE

I. SCENARIOS D'INSTALLATION ET DE CONFIGURATION

1. Installation et configuration des serveurs

L'installation et la configuration s'opèrent via le shell en ligne de commande avec le compte **root** (saisir la commande **sudo -s** et entrer le mot de passe root) qui est le compte administrateur sur linux, à fin d'avoir les pleins pouvoirs de modification des fichiers de configuration.

a. Serveur DHCP

Nous avons configuré l'adresse IP du serveur dans le fichier /etc/network/interfaces comme suit :

Configuration de l'interface réseau

```
# interface rÃ©seau de bouclage
auto lo
iface lo inet loopback
address 127.0.0.1
netmask 255.0.0.0

# carte rÃ©seau en ip statique
iface eth0 inet static
address 192.168.3.254
broadcast 192.168.3.255
netmask 255.255.255.0
gateway 192.168.3.1
auto eth0
```

Installation

Nous avons installé le serveur DHCP depuis la logithèque d'Ubuntu ou en tapant la commande **apt-get install dhcp3-server**. Cette installation place dans le répertoire **/etc/dhcp3/** le fichier **dhcpd.conf** qui est le principal fichier de configuration.

Configuration

En plus de la fonction principale qui est celle de l'attribution d'adresse IP, nous avons configuré une synchronisation avec le serveur DNS c'est-à-dire que le serveur DHCP enregistre l'hôte à qui il attribue une adresse les fichiers de zone (zone direct et zone inversée) du serveur DNS. Ainsi voici le contenu de notre fichier de configuration :

```
# configuration du DDNS
server-identifier       192.168.3.254;
ddns-updates            on;
ddns-update-style       interim;
ddns-domainname         "labs.supemir.ma.";
ddns-rev-domainname     "in-addr.arpa.";
update-static-leases on;
# Ignore Windows FQDN updates
ignore                  client-updates;

# Include the key so that DHCP can authenticate itself to BIND9
key dhcp_updater{
    algorithm hmac-md5;
    secret "5STvKYJR/wkFEPCoG1BTI8dDAQ2mzYJSTB82jBqHVs3uBYsF3wW1NsMQKq23xTTZMFtXJRY93tnynjZ9Pfa1ZQ==";
};

# This is the communication zone
zone labs.supemir.ma. {
        primary 127.0.0.1;
        key dhcp_updater;
}

# durée par défaut et durée max des baux d'adrese
default-lease-time 600;
max-lease-time 7200;

# déclaration du serveur dns et du nom de domaine
option domain-name-servers 192.168.3.254;
option domain-name "labs.supemir.ma";

# notre serveur dhcp fait autorité sur le réseau
authoritative;

# configuration du serveur dhcp
```

```
subnet 192.168.3.0 netmask 255.255.255.0 {

    option broadcast-address 192.168.3.255;
    option subnet-mask 255.255.255.0;
    range 192.168.3.100 192.168.3.200;
    option routers 192.168.3.1;
        # zone DNS Ã  mette Ã  jour
        zone 3.168.192.in-addr.arpa. {
                primary 192.168.3.254;
                key dhcp_updater;
        }
        zone labs.supemir.ma. {
                primary 192.168.3.254;
                key dhcp_updater;
        }
}
# attribution d'adresses statiques aux pc de
l'administration
host shaita {
    hardware ethernet 00:0B:DB:7C:B8:E7;
    fixed-address 192.168.3.211;
    option host-name "shaita.labs.supemir.ma";
}
host AZERTY {
    hardware ethernet 00:11:43:CB:F6:E7;
    fixed-address 192.168.3.212;
    option host-name "AZERTY.labs.supemir.ma";
}
host BUREAU {
    hardware ethernet 00:08:74:FA:A3:7D;
    fixed-address 192.168.3.213;
    option host-name "bureau.labs.supemir.ma";
}
host UNICORNI-D9DEED {
    hardware ethernet 00:0E:A6:C7:97:14;
    fixed-address 192.168.3.214;
    option host-name "UNICORNI-D9DEED.labs.supemir.ma";
}
host KHALID {
    hardware ethernet 00:0E:A6:9A:0F:A1;
    fixed-address 192.168.3.215;
    option host-name "KHALID.labs.supemir.ma";
}
# fin de fichier
```

La clé `dhcp_updater` est une clé avec laquelle le serveur dhcp s'authentifie auprès du serveur bind. Elle est générée a vec la commande suivante :

dnssec-keygen -a HMAC-MD5 -b 512 USER dhcp_updater

Après la configuration, il faut redémarrer le service à fin de prendre en charge les paramètres configurés : **service dhcp3-server restart**.

Utilisation : Test du serveur

Nous avons édité le fichier **/etc/dhcpd3/dhcpd.leases** pour voir les baux d'adresses que le serveur a octroyé. Nous avons également connecté le serveur sur un switch et d'autres postes clients et renouveler le bail comme l'indique le schéma ci - après. Au niveau des postes nous avons fait la manipulation suivante pour obtenir l'adresse IP :

Client Windows :

ipconfig /release : pour libérer les connexions.

ipconfig /renew : pour rétablir les connexions.

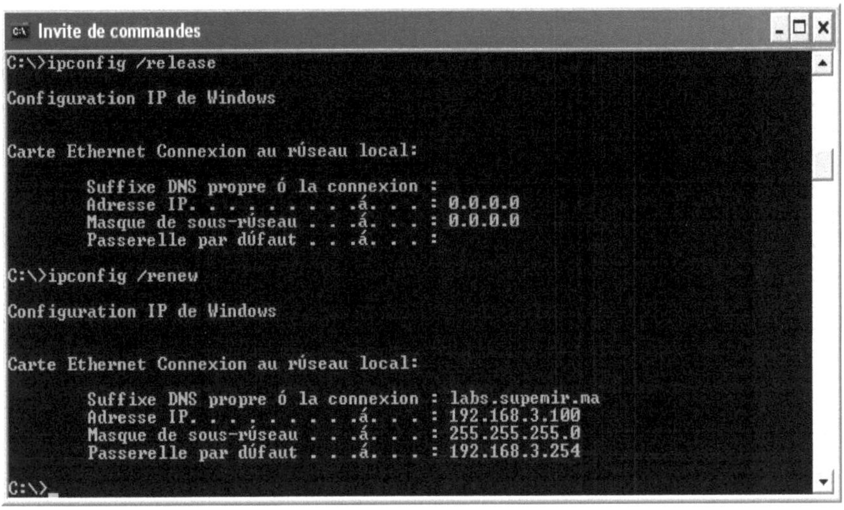

Figure 5 : Renouvèlement de bail IP.

Client linux :

dhclient : interroge le serveur DHCP pour configurer l'interface réseau et les services associés en conséquence.

b. Serveur DNS

Installation

Ubuntu est livré par défaut avec BIND le serveur DNS le plus utilisé sur Internet. C'est ce serveur BIND, que nous allons utiliser comme serveur DNS. Nous avons choisi la dernière version de bind qui est BIND9, disponible dans le dépôt principal. Ce choix se justifie par le fait que cette version résout certains bugs des précédentes versions, ajoute la prise en charge de DNSSEC qui est le protocole standardisé par l'IETF permettant de résoudre certains problèmes de sécurité liés au protocole DNS et bien d'autres points importants tel IPV6. Pour l'installer, il suffit de saisir la commande **apt-get install bind9**. Nous avons opté pour le nom de domaine **labs .supemir.ma.**

Configuration

La configuration de ce serveur nécessite la modification de plusieurs fichiers et la création des fichiers de zone. Ce sont :

/etc/bind/named.conf.local

/etc/bind/named.conf.options

/etc/bind/db.labs.supemir.ma (c'est le fichier de zone direct que nous avons créé)

/etc/bind/db.192.168.3 (c'est le fichier de zone inversée que nous avons créé)

/etc/resolv.conf

/etc/hosts

Nous avons édité le fichier **named.conf.local** (gedit /etc/bind/named.conf.local) et l'avons modifié comme suit :

```
// Do any local configuration here
// Consider adding the 1918 zones here, if they are not used in your
// organization
```

```
//include "/etc/bind/zones.rfc1918";

# clé que le serveur dhcp utilisera lors de la
synchronisation avec le serveur dns
key dhcp_updater{
    algorithm hmac-md5;
    secret
"5STvKYJR/wkFEPCoG1BTI8dDAQ2mzYJSTB82jBqHVs3uBYsF3wW1NsMQ
Kq23xTTZMFtXJRY93tnynjZ9Pfa1ZQ==";
};

zone "labs.supemir.ma" {

    type master;
    file "/etc/bind/db.labs.supemir.ma";
    allow-update { key dhcp_updater; };
      notify yes;
};
// configuration de la zone  inversée
zone "3.168.192.in-addr.arpa" {

    type master;
    file "/etc/bind/db.192.168.3";
    allow-update { key dhcp_updater; };
        notify yes;
};
// fin de fichier
```

Le fichier suivant nécessitant une modification est **named.conf.options (gedit /etc/bind/named.conf.options**), son contenu est modifié comme suit :

```
options {
    directory "/var/cache/bind";

    // If there is a firewall between you and nameservers you want
    // to talk to, you may need to fix the firewall to allow multiple
    // ports to talk.  See http://www.kb.cert.org/vuls/id/800113

    // If your ISP provided one or more IP addresses for stable
```

```
    // nameservers, you probably want to use them as
forwarders.
    // autres dns à  contacter si la resolution local est
sans succès
    forwarders {
        192.168.1.1;
        212.217.0.1;
        212.217.0.12;
      };

    auth-nxdomain no;    # conform to RFC1035
    listen-on-v6 { any; };
};
// fin de fichier
```

Les fichiers des zones sont utilisés pour lister les différentes ressources d'un domaine, comme les serveurs de mails (MX), les serveurs de noms (NS), ou les enregistrements machine/IP (A) et redirections (CNAME). Voici une petite liste des principaux types d'enregistrements dont nous avons fait usage dans les fichiers de zone :

NS : Déclare un serveur DNS pour la zone.

MX : Déclare un serveur mail pour la zone.

A : Réalise le lien entre le nom d'une machine et son adresse IP.

PTR : Réalise le lien entre l'IP d'une machine et son nom. Utilisé pour le fichier de zone inverse.

CNAME : C'est une espèce d'alias, permettant de définir un nom par rapport à un autre nom.

Nous avons créé les fichiers de la manière suivante :

gedit /etc/bind/db.labs.supemir.ma, ci-dessous son contenu :

```
$ORIGIN .
$TTL 604800    ; 1 week
labs.supemir.ma        IN SOA
    srvsupemir4.labs.supemir.ma. root.labs.supemir.ma. (
                16           ; serial
                604800       ; refresh (1 week)
```

```
                        86400       ; retry (1 day)
                        2419200     ; expire (4 weeks)
                        604800      ; minimum (1 week)
                        )
                NS      srvsupemir4.labs.supemir.ma.
                A       192.168.3.254
                AAAA::1
$ORIGIN labs.supemir.ma.
srvsupemir4     A       192.168.3.254
dhcp            IN      CNAME       srvsupemir4
dns             IN      CNAME       srvsupemir4
mail            IN      CNAME       srvsupemir4
```

gedit /etc/bind/db.192.168.3, ci-dessous son contenu :

```
$ORIGIN .
$TTL 604800    ; 1 week
3.168.192.in-addr.arpa    IN SOA
        srvsupemir4.labs.supemir.ma. root.labs.supemir.ma. (
                        11          ; serial
                        604800      ; refresh (1 week)
                        86400       ; retry (1 day)
                        2419200     ; expire (4 weeks)
                        604800      ; minimum (1 week)
                        )
                NS      srvsupemir4.labs.supemir.ma.
                MX      10 srvsupemir4.labs.supemir.ma.
254             PTR     srvsupemir4.labs.supemir.ma.
```

Contenu du fichier /etc/resolv.conf (**gedit /etc/resovl.conf**)

```
domain labs.supemir.ma
search labs.supemir.ma
order local,bind
nameserver 192.168.1.1
nameserver 192.168.3.254
nameserver 212.217.0.1
# fin de fichier
```

Contenu du fichier /etc/hosts (**gedit /etc/hosts**), dans fichier nous avons juste ajouté la première ligne

```
192.168.3.254    srvsupemir4.labs.supemir.ma
    srvsupemir4
# Added by NetworkManager
127.0.0.1    localhost.localdomainlocalhost
::1 srvsupemir4  localhost6.localdomain6   localhost6
127.0.1.1    srvsupemir4

# The following lines are desirable for IPv6 capable
hosts
::1     localhost ip6-localhost ip6-loopback
fe00::0 ip6-localnet
ff00::0 ip6-mcastprefix
ff02::1 ip6-allnodes
ff02::2 ip6-allrouters
ff02::3 ip6-allhosts
# fin de fichier
```

Lorsqu'une application est installée sur le système, apparmor la verrouille en limitant strictement ses accès aux seules ressources auxquelles elle a droit sans empêcher son fonctionnement, ainsi il lui ait attribué un profil standard de sécurité qui restreint ses capacités. Les profils standards sont stockés dans /etc/apparmor.d mais les modifications locales de ces profils sont stockés dans /etc/apparmor/local et les profils standards incluent les profils locaux. La synchronisation entre le serveur DHCP et le serveur DNS implique une modification de profil, c'est ainsi que nous avons ajouté « **<include/usr.sbin.named>** » dans le fichier **/etc/apparmor.d/usr.sbin.named** avant l'accolade fermante ; puis nous avons créé le fichier **/etc/apparmor.d/local/usr.sbin.named** dont le contenu est :

```
/etc/bind/* rw,

/etc/bind rw,
```

A la suite de ce qui précède, il faut accorder les droits nécessaires à l'utilisateur bind qui est créé lors de l'installation de bind. Lorsqu'il est créé, il est ajouté au groupe root et est propriétaire du répertoire /etc/bind, par contre le groupe root n'est pas le droit d'écriture dans ce répertoire par défaut. Nous avons accordé le droit d'écriture au groupe avec le commande « **chmod 774 /etc/bind** ».

Test du serveur

Plusieurs outils sont disponibles pour réaliser des tests de la configuration du serveur et de ses zones tels que named-checkconf, named-checkzone, nslookup et dig, nous avons utilisé nslookup à cet effet, voici un aperçu du test :

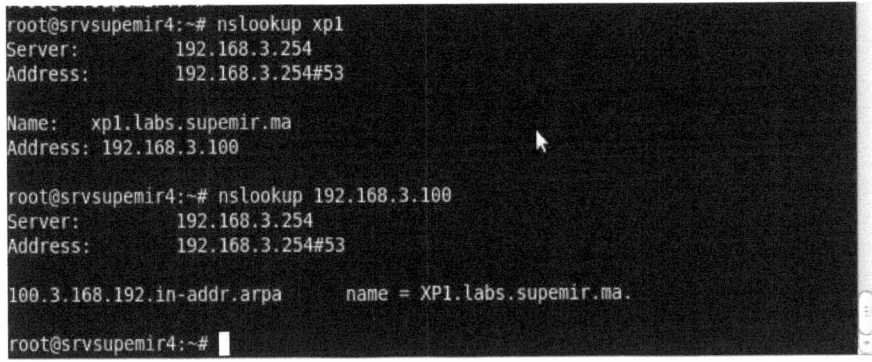

Figure 6 : Résultat du test de résolution de nom par le serveur DNS.

c. Serveur de fichiers

Le logiciel Samba est un outil permettant de partager des dossiers et des imprimantes à travers un réseau local. Il permet de partager et d'accéder aux ressources d'autres ordinateurs fonctionnant avec des systèmes d'exploitation Microsoft® Windows et Apple Mac OS X, ainsi que des systèmes GNU/Linux, BSD et Solaris dans lesquels une implémentation de **Samba** est installée. Pour partager de manière simple des ressources entre plusieurs ordinateurs, l'utilisation de Samba est conseillée. Vu les fonctionnalités qu'offrent ce logiciel, nous avons en usé de sa possibilité d'émuler un domaine Windows pour le configurer en contrôleur de domaine principal (PDC). Le contrôleur de domaine principal est un serveur chargé du contrôle de l'authentification des requêtes de connexion et d'accès aux ressources dans un domaine Windows qui est quant à lui un groupe d'ordinateurs (techniquement appelé forêt) où l'accès à une variété de ressources hébergée sur un ordinateur est contrôlé par la PDC. Il existe divers outils pour une configuration graphique de samba mais nous avons souhaité utiliser le Shell car celui-ci offre la possibilité de configurer tous les paramètres de samba.

<u>**Installation**</u>

Afin d'installer les paquets minimums nécessaires pour la suite des opérations, nous avons lancé les commandes suivantes :

```
apt-get update
apt-get update --fix-missing
apt-get install ssh (pour l'accès au serveur à distance)
apt-get install samba
```

Création des groupes et des utilisateurs

Afin que tout le monde ne puisse pas accéder à tous les fichiers, il a fallu restreindre l'accès à certains utilisateurs et à certains groupes et pour cela nous les avons créés au préalable. Nous avons créé trois groupes : etudiants, profs et cadre. Chacun de ces groupes contient des utilisateurs et nous avons créé juste ceux donc nous avions besoins.

```
root@srvsupemir4:~# groupadd profs
root@srvsupemir4:~# groupadd cadre
root@srvsupemir4:~# groupadd etudiants
root@srvsupemir4:~# useradd -m -g profs prof1
root@srvsupemir4:~# useradd -m -g cadre amine
root@srvsupemir4:~# useradd -m -g cadre achraf
root@srvsupemir4:~# useradd -m -g etudiants niveau1
root@srvsupemir4:~# useradd -m -g etudiants niveau2
root@srvsupemir4:~# useradd -m -g etudiants niveau3
root@srvsupemir4:~# useradd -m -g etudiants niveau4
root@srvsupemir4:~# useradd -m -g etudiants niveau5
root@srvsupemir4:~# chmod -R 557 /home/niveau1
root@srvsupemir4:~# chmod -R 557 /home/niveau2
root@srvsupemir4:~# chmod -R 557 /home/niveau3
root@srvsupemir4:~# chmod -R 557 /home/niveau4
root@srvsupemir4:~# chmod -R 557 /home/niveau5
root@srvsupemir4:~#
```

Figure 7 : Création des groupes et des utilisateurs.

Dans notre cas, nous avons utilisé plusieurs options. L'option **-m** qui permet de créer directement le répertoire **home** du nouvel utilisateur. Ce répertoire se situe dans **/home/**. L'option **-g** permet à l'utilisateur de rejoindre le groupe spécifié en paramètre. L'option **-R** de la commande **chmod** permet d'appliquer le mode d'accès préciser à tous les fichiers dans les sous répertoires de manière récursive.

Après cette manipulation il faut activer ces comptes utilisateurs dans **Système> Administration> Utilisateurs et groupes,** en saisissant le mot de passe de chaque utilisateur à la demande.

Pour que les utilisateurs aient accès aux ressources de samba, il a fallu que nous les ajoutions à samba grâce à la commande **smbpasswd** de la manière ci-dessous :

```
root@srvsupemir4:~# smbpasswd -a prof1
New SMB password:
Retype new SMB password:
Added user prof1.
root@srvsupemir4:~# smbpasswd -a amine
New SMB password:
Retype new SMB password:
root@srvsupemir4:~# smbpasswd -a achraf
New SMB password:
Retype new SMB password:
root@srvsupemir4:~# smbpasswd -a niveau1
```

Figure 8 : Ajout des utilisateurs au serveur Samba.

L'option **-a** permet juste de spécifier le nom de l'utilisateur. Il faut faire pareil pour le compte root à fin de lui permettre d'intégrer des postes clients au domaine.

Ajout des machines sous samba

Pour que chaque machine puisse se connecter au domaine au démarrage, il faut qu'il ait un compte au niveau du contrôleur de domaine samba pour cela nous avons créé un groupe ordinateurs qui contiendra toutes les machines du domaine.

Par exemple pour joindre le poste portant le nom supemirpc3, il faut un compte machines portant ce nom sur le PDC.

Création du groupe ordinateurs

Ajoute de l'utilisateur supemirpc3$

Ajout de son mot de passe à /etc/samba/smbpasswd :

Ne pas oublier le $ à la fin du nom, tout se passe comme ci-dessous :

```
root@srvsupemir4:~# groupadd ordinateurs
root@srvsupemir4:~# useradd -g ordinateurs -d /dev/null -s /dev/false supemirpc3$
root@srvsupemir4:~# smbpasswd -m -a supemirpc3$
Added user supemirpc3$.
root@srvsupemir4:~#
```

Figure 9 : Ajout du groupe des ordinateurs et d'un compte machine à Samba.

L'option **-m** permet de préciser que ce compte est un compte machine et de ce fait il n'a pas de mot de passe.

Création des dossiers de partage

Vu que le répertoire public est accessible par tout le monde, nous avons donné le droit de lecture, écriture et exécution des fichiers et répertoires à tout le mode : **chmod 777 /home/public.**

```
root@srvsupemir4:~# mkdir /home/public
root@srvsupemir4:~# chmod 777 /home/public/
root@srvsupemir4:~# mkdir /home/direction
root@srvsupemir4:~# mkdir /home/profiles
root@srvsupemir4:~# mkdir /home/netlogon
root@srvsupemir4:~#
```

Figure 10 : Création des répertoires de partage.

Le répertoire profiles permet de stocker les profiles des utilisateurs qui se connectent au domaine à fin de le permettre de garder leur environnement de travail quel que soit le poste sur lequel ils se connecteront, le répertoire **netlogon** quant à lui permet de stocker les scripts de connexion.

Configuration de smb.conf

Le fichier **smb.conf** est le fichier de configuration de samba contenu dans le répertoire **/etc/samba/.** Ce fichier décrit les ressources que l'on désire partager, ainsi que les permissions/restrictions qui leur sont associées.

gedit /etc/samba/smb.conf pour éditer le fichier de configuration et le modifier comme suit :

```
# smb.conf par A.K

#--------CONFIGURATION GLOBALE---------------------------

[global]

workgroup = labs.supemir.ma

# nom sous lequel apparaître le serveur dans le
voisinage réseau
netbios name = srvsupemir4

# ce qui apparaîtra dans la rubrique détail du
voisinage réseau, %v fait apparaître le n° de version
de samba
server string = %h Serveur Samba %v

# les mots de passes transitent chiffrés
```

```
encrypt passwords = Yes

# lieux de stockage du journal des évènements
log file = /var/log/samba/log.%m

# taille max du journal
max log size = 50

# paramètre qui permet d'augmenter les performances
réseau
socket options = TCP_NODELAY SO_RCVBUF=8192
SO_SNDBUF=8192

# pas de proxy dns
dns proxy = No
username map = /etc/samba/smbusers

# oblige les utilisateurs à avoir un compte sur le
serveur pour se connecter
security = user

# crypter le mot de passe
encrypt passwords = true

# base de données des utilisateurs, groupes et mots de
passe
passdb backend = tdbsam:/var/lib/samba/pdcpass.tdb

smb passwd file = /etc/samba/smbpasswd
# synchronisation des mots de passe samba avec les mots
de passe linux
unix password sync = yes
pam password change = yes
passwd program = /usr/bin/passwd %u
passwd chat = *Enter\snew\s*\spassword:* %n\n
*Retype\snew\s*\spassword:* %n\n
*password\supdated\ssuccessfully* .


#pour pouvoir synchroniser l'horloge des client sur celle
du serveur
time server = yes

# autorise la connection des utilisateurs sur le domaine
domain logons = yes
```

```
#  ce serveur est le controleur du domaine
domain master = yes

# dans le cas de la prã©sence de plusieurs contrã´leurs
de domaine, c'est le serveur qui est le favori
preferred master = yes

# il fait autoritã© sur le rã©seau local
local master = yes

# permet de gagner l'ã©lection contre les autres machines
windows
os level = 255

#spã©cifie que root et les user du groupe cadre peuvent
joindre le domaine sur les clients
#domain admin group = @root,@cadre

# repertoire de connexion
logon home = \\%N\%H
logon path = \\%N\profile\%U
logon script = %U.bat

# administrateur du domain
admin users = root manager

#--------CONFIGURATION DU PARTAGE DES FICHIERS-----------
--

[netlogon]
comment = Rã©pertoire des scripts de connextion
path = /home/netlogon/
browseable = no
writeable = no
write list = root, manager
#
[profile]
comment = Rã©pertoire des profiles de connextion
path = /home/profile
browseable = no
writeable = yes
create mask = 0700
directory mask = 0700
#
```

```
[public]
comment = Répertoire Public
public = yes
path = /home/public
# il est accessible en écriture
writeable = yes
valid users = @profs,@cadre,@etudiants
write list = @profs,@cadre,@etudiants
read list = @profs,@cadre,@etudiants
# les fichiers créés sont en lecture seule, sauf pour le propriétaire
create mode = 0755
#
[cours]
comment = Repertoire des cours accéssibles par les profs
path = /home/cours
browsable=no
#valid users = @profs
valid users = @profs
write list = @profs
read list = @profs
#
[direction]
comment = Repertoire des cours accéssibles par les profs
path = /home/direction
browsable=no
valid users = @cadre
write list = @cadre
read list = @cadre
#
[amine]
comment = Repertoire amine
path = /home/amine
browsable=no
valid users = amine
#
[achraf]
comment = Repertoire achraf
path = /home/achraf
browsable=no
valid users = achraf
#
[mounir]
comment = Repertoire mounir
path = /home/mounir
```

```
browsable=no
valid users = mounir
#
[khalid]
comment = Repertoire khalid
path = /home/khalid
browsable=no
valid users = khalid
#
[niveau1]
comment = Repertoire des cours niveau1
path = /home/niveau1
#browseable = no
valid users = @profs,niveau1
write list = @profs
read list = niveau1
#
[niveau2]
comment = Repertoire des cours niveau2
path = /home/niveau2
#browseable = no
valid users = @profs,niveau2
write list = @profs
read list = niveau2
#
[niveau3]
comment = Repertoire des cours niveau3
path = /home/niveau3
#browseable = no
valid users = @profs,niveau3
write list = @profs
read list = niveau3
#
[niveau4]
comment = Repertoire des cours niveau4
path = /home/niveau4
#browseable = no
valid users = @profs,niveau4
write list = @profs
read list = niveau4
#
[niveau5]
comment = Repertoire des cours niveau5
path = /home/niveau5
#browseable = no
```

```
valid users = @profs,niveau5
write list = @profs
read list = niveau5
#
# partarge supervision
[manager]
comment = Repertoire de supervision
browseable = no
path = /home/
valid users = manager
write list = manager
read list = manager

# fin de fichier
```

Scripts de connexion

Etant donné que les utilisateurs ne sont pas nombreux, nous avons créé un script pour chacun d'eux, ainsi ne seront montés à la connexion au domaine uniquement les partages auxquels l'utilisateur a droit.

gedit /home/netlogon/achraf.bat

```
REM  montage du répertoire de l'utilisateur
NET USE R: \\srvsupemir4\direction
NET USE S: \\srvsupemir4\public
NET USE X: \\srvsupemir4\achraf
REM réglage de l'heure du client par arpport à celle du serveur
NET TIME \\srvsupemir4\ /SET /YES
```

gedit /home/netlogon/amine.bat

```
REM  montage du répertoire de l'utilisateur
NET USE R: \\srvsupemir4\direction
NET USE S: \\srvsupemir4\public
NET USE X: \\srvsupemir4\amine
REM réglage de l'heure du client par arpport à celle du serveur
NET TIME \\srvsupemir4\ /SET /YES
```

gedit /home/netlogon/mounir.bat

```
REM  montage du répertoire de l'utilisateur
NET USE R: \\srvsupemir4\direction
```

```
NET USE S: \\srvsupemir4\public
NET USE X: \\srvsupemir4\mounir
REM réglage de l'heure du client par arpport à celle du
serveur
NET TIME \\srvsupemir4\ /SET /YES
```

gedit /home/netlogon/khalid.bat

```
REM  montage du répertoire de l'utilisateur
NET USE R: \\srvsupemir4\direction
NET USE S: \\srvsupemir4\public
NET USE X: \\srvsupemir4\khalid
REM réglage de l'heure du client par arpport à celle du
serveur
NET TIME \\srvsupemir4\ /SET /YES
```

gedit /home/netlogon/prof1.bat

```
REM  montage du répertoire de l'utilisateur
NET USE R: \\srvsupemir4\niveau1
NET USE S: \\srvsupemir4\niveau2
NET USE X: \\srvsupemir4\niveau3
NET USE Y: \\srvsupemir4\niveau4
NET USE W: \\srvsupemir4\niveau5
NET USE Y: \\srvsupemir4\niveau4
NET USE W: \\srvsupemir4\public
REM réglage de l'heure du client par arpport à celle du
serveur
NET TIME \\srvsupemir4\ /SET /YES
```

gedit /home/netlogon/niveau1

```
REM  montage du répertoire de l'utilisateur
NET USE R: \\srvsupemir4\niveau1
NET USE S: \\srvsupemir4\public
REM réglage de l'heure du client par arpport à celle du
serveur
NET TIME \\srvsupemir4\ /SET /YES
```

Ceci a été fait pour les 4 autres niveaux.

Test de la configuration

Avant le démarrage du serveur, nous avons procédé à une examination de la syntaxe du fichier de configuration grâce à la commande **testparm**. Pour cela nous avons dû installer le package samba-common-bin (**apt-get install samba-common-bin**). Cette commande vérifie la syntaxe du fichier de configuration par contre elle ne garantit pas le bon fonctionnement du serveur. Elle inspecte toutes les sections du fichier de configuration, il n'y pas d'erreur dans la syntaxe, nous avons un aperçu comme ci-dessous.

```
root@srvsupemir4:~# testparm
Load smb config files from /etc/samba/smb.conf
rlimit_max: rlimit_max (1024) below minimum Windows limit (16384)
Processing section "[netlogon]"
Processing section "[profile]"
Processing section "[public]"
Processing section "[direction]"
Processing section "[niveau1]"
Processing section "[niveau2]"
Processing section "[niveau3]"
Processing section "[niveau4]"
Processing section "[niveau5]"
Processing section "[manager]"
Loaded services file OK.
Server role: ROLE_DOMAIN_PDC
Press enter to see a dump of your service definitions
```

Figure 11 : Résultat du test de la syntaxe du fichier de configuration.

Connexion au serveur

Le serveur configuré, il est nécessaire de le relancer pour que les modifications soient prises en compte : **service smbd stop / service smbd start.** Le service smbd est celui qui gère le partage de fichiers et d'imprimantes.

Pour vérifier que les répertoires ont été correctement partagés nous avons utilisé la commande **smbclient** de la manière suivante : **smbclient -L //127.0.0.1/** (le 127.0.0.1 car nous sommes toujours sur le serveur, sur un machine linux à distance on doit préciser l'adresse IP du serveur), puis saisir le mot de passe root ; nous obtenons cet aperçu :

```
root@srvsupemir4:~# smbclient -L /127.0.0.1/
Enter root's password:
Domain=[LABS.SUPEMIR.MA] OS=[Unix] Server=[Samba 3.5.4]

        Sharename       Type        Comment
        ---------       ----        -------
        public          Disk        RA©pertoire Public
        niveau1         Disk        Repertoire des cours niveau1
        niveau2         Disk        Repertoire des cours niveau2
        niveau3         Disk        Repertoire des cours niveau3
        niveau4         Disk        Repertoire des cours niveau4
        niveau5         Disk        Repertoire des cous niveau5
        IPC$            IPC         IPC Service (srvsupemir4 Serveur Samba 3.5.4)
Domain=[LABS.SUPEMIR.MA] OS=[Unix] Server=[Samba 3.5.4]

        Server          Comment
        ------          -------

        Workgroup       Master
        ---------       ------
        LABS.SUPEMIR.CO
root@srvsupemir4:~#
```

Figure 12 : Aperçu des répertoires partagés sur le serveur.

L'option **-L** permet de spécifier l'hôte en renseignant son adresse IP.

La commande **smbclient** permet aussi à un utilisateur d'accéder au partage sur linux.

```
root@srvsupemir4:~# smbclient //127.0.0.1/direction -U amine
Enter amine's password:
Domain=[LABS.SUPEMIR.MA] OS=[Unix] Server=[Samba 3.5.4]
smb: \> ls
  .                                   D        0  Wed Jul 27 17:01:39 2011
  ..                                  D        0  Wed Jul 27 17:02:33 2011

                57753 blocks of size 262144. 44620 blocks available
smb: \> exit
root@srvsupemir4:~#
```

Figure 13 : Utilisation du serveur.

L'option **-U** permet de préciser l'utilisateur qui veut se connecter au partage. Le console nous demande le mot de passe de l'utilisateur et autorise l'accès si ce dernier est correct et si l'utilisateur possède les droits pour accéder à ce partage.

Connexion au partage : **smbclient**

Affiche des fichiers présents dans le répertoire de partage : **ls**

Quitter le partage : **exit**

Intégration d'un client Windows dans samba

L'intégration au domaine samba permet à l'utilisateur de monter directement ses répertoires de partage sur son poste de travail et là il verra des lecteurs réseaux identifiants les partages auxquels il a accès au niveau du serveur. Là c'est plus sécurisant parce que l'utilisateur ne voit que les partages auxquels il a droit. La procédure est la suivante :

Démarrer > clic droit sur poste de travail > Propriétés > Nom de l ordinateur > Modifier

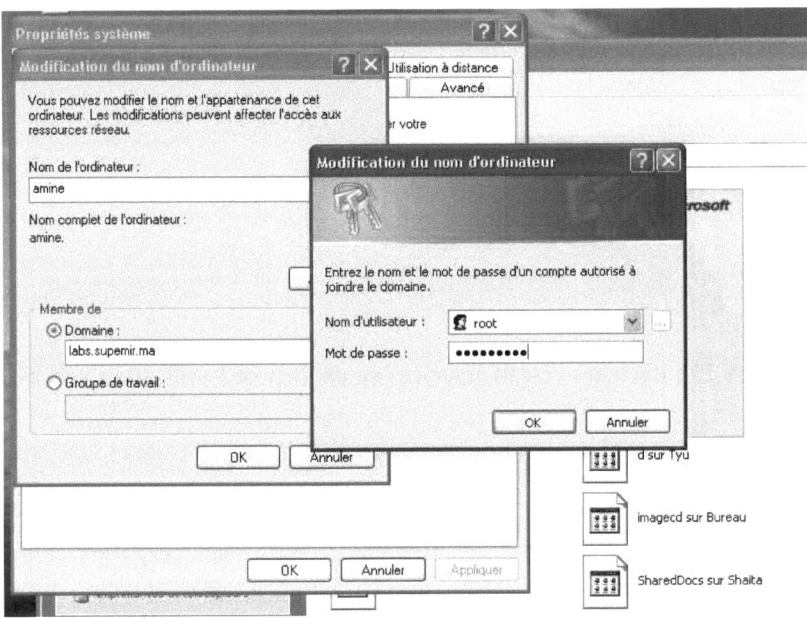

Figure 14 : Intégration d'un client Windows au domaine.

Il est nécessaire de s'authentifier avec un compte Administrateur de domaine sur notre poste client.

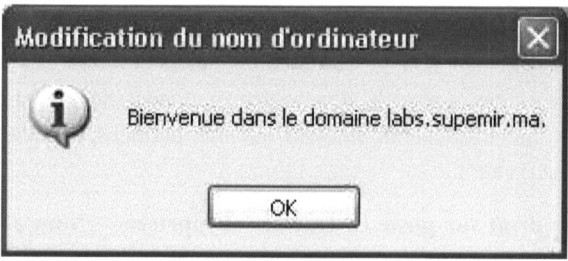

Notre ordinateur est désormais intégré au domaine.

A l'ouverture de session, le client doit choisir de se connecter au domaine afin de monter les répertoires de partage auxquels il a accès dans l'explorateur. Voici l'aperçu de ces lecteurs dans l'explorateur.

Figure 15 : Lecteurs réseau associées au partage de l'utilisateur achraf.

d. Serveur de mails

La plupart des serveurs de messagerie possèdent ces deux fonctions (envoi/réception), mais elles sont indépendantes et peuvent être dissociées physiquement en utilisant plusieurs serveurs. L'agent de transfert de courriel communément appelé MTA (Mail Transfert Agent), en anglais est un programme qui reçoit et envoie les courriels depuis votre serveur, et par conséquent, en est la pierre angulaire. On distingue plusieurs sortes de MTA dont les plus connus sont : Postfix, Exim4, SendMail, Google Mail, Fetchmail, Mailman Xmail et Zimbra. Pour notre projet, nous avons choisi d'utiliser Postfix. Pour permettre le téléchargement des courriels depuis les postes clients, il est nécessaire de configurer un serveur IMAP ou POP3. Il en existe de nombreux. On a par exemple Dovecot, Cyrus et Courier. Tous les serveurs cités dessus peuvent être installés depuis le dépôt principal, et donc bénéficier des mises à jour de sécurité lorsque cela est nécessaire. Mais celui pour lequel nous avons opté pour ce projet est le serveur Dovecot.

Postfix est un serveur de messagerie électronique et un logiciel libre développé par Wietse Venema et plusieurs contributeurs. Il se charge de la livraison de courriers électroniques (courriels) et a été conçu comme une alternative plus rapide, plus facile à administrer et plus sécurisée que l'historique Sendmail.

Postfix permet de gérer presque tous les cas d'une utilisation professionnelle, il permet d'éviter bon nombre de spams sans même devoir scanner les contenus de message.

La mise en place de ce serveur passe par plusieurs étapes :

Vérification du nom du serveur

Cette opération se fait à l'ai de la commande hostname de la manière suivante :

```
srv4@srvsupemir4:~$ hostname
srvsupemir4
srv4@srvsupemir4:~$ hostname -f
srvsupemir4.labs.supemir.ma
srv4@srvsupemir4:~$
```

Figure 16 : Vérification du nom d'hôte.

Installation des paquets requis

Une mise à jour de la liste des fichiers disponibles dans les dépôts APT présents dans le fichier de configuration /etc/apt/sources.list et une mise à jour de tous les paquets installés sur le système vers les dernières versions sont nécessaires pour la suite. Pour cela nous avons utilisé les commandes ci-après :

```
apt-get update
apt-get upgrade
```

Les paquets postfix, mysql, dovecot et bien d'autres sont installés comme suit :

```
apt-get install postfix postfix-mysql postfix-doc mysql-client mysql-server dovecot-common dovecot-imapd dovecot-pop3d postfix libsasl2-2 libsasl2-modules libsasl2-modules-sql sasl2-bin libpam-mysql openssl telnet mailutils
```

Lors de cette installation, nous avons configuré dans différentes boîtes de dialogues les paramètres suivants :

- Le mot de passe root pour MySQL
- Le type de configuration du serveur mail : **'Site internet'**
- Le nom de domaine pleinement qualifié du système de messagerie : **'labs.supemir.ma'**.

Configuration de Mysql pour les domaines et utilisateurs virtuels

Pour ce faire nous nous sommes connectés à la base de données au travers de cette commande :

```
root@srvsupemir4:~#
root@srvsupemir4:~# mysql -u root -p
Enter password:
Welcome to the MySQL monitor.  Commands end with ; or \g.
Your MySQL connection id is 39
Server version: 5.1.49-1ubuntu8.1 (Ubuntu)

Copyright (c) 2000, 2010, Oracle and/or its affiliates. All rights reserved.
This software comes with ABSOLUTELY NO WARRANTY. This is free software,
and you are welcome to modify and redistribute it under the GPL v2 license

Type 'help;' or '\h' for help. Type '\c' to clear the current input statement.

mysql>
```

Figure 17 : Connexion à la base de données.

Nous avons créé la base de données pour notre serveur de messagerie de la manière suivante :

```
CREATE DATABASE mail;
USE mail;
```

Après sa création nous nous sommes connectés à elle pour créer les différentes tables qu'elle doit contenir. Nous avons créé un compte administrateur « **mail_admin** » avec mot de passe pour gérer la base de données des mails, nous lui avons donné les droits adéquats :

```
mysql> GRANT SELECT, INSERT, UPDATE, DELETE ON mail.* TO 'mail_admin'@'localhost
' IDENTIFIED BY 'Supemir11';
Query OK, 0 rows affected (0.00 sec)

mysql> GRANT SELECT, INSERT, UPDATE, DELETE ON mail.* TO 'mail_admin'@'localhost
.localdomain' IDENTIFIED BY 'Supemir11';
Query OK, 0 rows affected (0.00 sec)

mysql> FLUSH PRIVILEGES;
Query OK, 0 rows affected (0.00 sec)

mysql>
```

Figure 18 : Création d'un utilisateur avec d'c droits.

Nous avons créé les tables :

> **domains** qui contient les domaines virtuels

```
mysql> CREATE TABLE domains (domain varchar(50) NOT NULL, PRIMARY KEY (domain));
Query OK, 0 rows affected (0.03 sec)

mysql>
```

> **forwardings** qui gère l'acheminement des mails

```
mysql> CREATE TABLE forwardings (source varchar(80) NOT NULL, destination TEXT N
OT NULL, PRIMARY KEY (source));
Query OK, 0 rows affected (0.07 sec)

mysql>
```

> **users** qui enregistre les adresses email des utilisateurs

```
mysql> CREATE TABLE users (email varchar(80) NOT NULL, password varchar(20) NOT
NULL, PRIMARY KEY (email));
Query OK, 0 rows affected (0.06 sec)

mysql>
```

> **transport**

```
mysql> CREATE TABLE transport (domain varchar(128) NOT NULL default '', transpor
t varchar(128) NOT NULL default '', UNIQUE KEY domain (domain));
Query OK, 0 rows affected (0.06 sec)

mysql>
```

Après ces manipulations, il faut quitter l'invite de commande avec la commande « **quit** » pour pourvoir continué la configuration.

Il faut vérifier dans le fichier /etc/mysql/my.cnf que Mysql est configuré pour utiliser localhost c'est-à-dire l'adresse IP 127.0.0.1 ; ceci est confirmé par la présence de la ligne « **bind-address = 127.0.0.1** » dans le dit fichier. Cette ligne permet à postfix de communiquer avec le serveur de base de données en local.

Il faut redémarrer mysql pour la prise en compte des modifications : **service mysql restart**.

Configuration de postfix pour utiliser Mysql

Nous avons créé des fichiers de configurations suivants :

> ➢ /etc/postfix/mysql-virtual_domains.cf pour la gestion du domaine virtuel postfix, ci-dessous son contenu :

```
user = mail_admin
password = password_admin
dbname = mail
query = SELECT domain AS virtual FROM domains WHERE domain='%s'
hosts = 127.0.0.1
```

> ➢ /etc/postfix/mysql-virtual_forwardings.cf pour le transfert postfix, ci-dessous son contenu :

```
user = mail_admin
password = password_admin
dbname = mail
query = SELECT destination FROM forwardings WHERE source='%s'
hosts = 127.0.0.1
```

> ➢ /etc/postfix/mysql-virtual_mailboxes.cf pour les boîtes aux lettres virtuelles, ci-dessous son contenu :

```
user = mail_admin
password = password_admin
dbname = mail
query = SELECT CONCAT(SUBSTRING_INDEX(email,'@',-1),'/',SUBSTRING_INDEX(email,'@',1),'/') FROM users WHERE email='%s'
hosts = 127.0.0.1
```

> ➢ /etc/postfix/mysql-virtual_email2email.cf, ci-dessous son contenu :

```
user = mail_admin
password = password_admin
dbname = mail
query = SELECT email FROM users WHERE email='%s'
hosts = 127.0.0.1
```

La valeur de password_admin dans les fichiers ci-dessus est le mot de passe de l'administrateur 'mail_admin' que nous avons précédemment créé.

Nous avons attribué des autorisations appropriées au groupe utilisant ces fichiers de configurations ainsi :

```
chmod o= /etc/postfix/mysql-virtual_*.cf
chgrp postfix /etc/postfix/mysql-virtual_*.cf
```

Nous avons aussi créé un utilisateur et un groupe pour le traitement des courriers électroniques, ainsi toutes les boîtes aux lettres des utilisateurs sont stockées dans ce répertoire :

```
Groupadd -g 5000 vmail
Useradd -g vmail -u 5000 vmail -d /home/vmail -m
```

Pour compléter la suite de la configuration, nous avons exécuté la suite des commandes ci-dessous :

```
root@srvsupemir4:~# postconf -e 'myshostname = srvsupemir4.labs.supemir.ma'
root@srvsupemir4:~# postconf -e 'mydestination = srvsupemir4.labs.supemir.ma, lo
calhost, localhost.localdomain'
root@srvsupemir4:~# postconf -e 'mynetworks = 127.0.0.0/8'
root@srvsupemir4:~# postconf -e 'message_size_limit = 30720000'
root@srvsupemir4:~# postconf -e 'virtual_alias_domains ='
root@srvsupemir4:~# postconf -e 'virtual_alias_maps = proxy:mysql:/etc/postfix/m
ysql-virtual_forwardings.cf, mysql:/etc/postfix/mysql-virtual_email2email.cf'
root@srvsupemir4:~# postconf -e 'virtual_mailbox_domains = proxy:mysql:/etc/post
fix/mysql-virtual_domains.cf'
root@srvsupemir4:~# postconf -e 'virtual_mailbox_maps = proxy:mysql:/etc/postfix
/mysql-virtual_mailboxes.cf'
root@srvsupemir4:~# postconf -e 'virtual_mailbox_base = /home/vmail'
root@srvsupemir4:~# postconf -e 'virtual_uid_maps = static:5000'
root@srvsupemir4:~# postconf -e 'virtual_gid_maps = static:5000'
root@srvsupemir4:~# postconf -e 'smtpd_sasl_auth_enable = yes'
root@srvsupemir4:~# postconf -e 'broken_sasl_auth_clients = yes'
root@srvsupemir4:~# postconf -e 'smtpd_sasl_authenticated_hearder = yes'
root@srvsupemir4:~# postconf -e 'smtpd_recipient_restrictions = permit_mynetwork
s, permit_sasl_authenticated, reject_unauth_destination'
root@srvsupemir4:~# postconf -e 'smtpd_use_tls = yes'
root@srvsupemir4:~# postconf -e 'smtpd_tls_cert_file = /etc/postfix/smtpd.cert'
root@srvsupemir4:~# postconf -e 'smtpd_tls_key_file = /etc/postfix/smtpd.key'
root@srvsupemir4:~# postconf -e 'virtual_create_maildirsize = yes'
root@srvsupemir4:~#
```

```
root@srvsupemir4:~# postconf -e 'virtual_maildir_extended = yes'
root@srvsupemir4:~# postconf -e 'proxy_read_maps = $local_recipient_maps $mydest
ination $virtual_alias_maps $virtual_alias_domains $virtual_mailbox_maps $virtua
l_mailbox_domains $relay_recipient_maps $relay_domains $canonical_maps $sender_c
anonical_maps $recipient_canonical_maps $relocated_maps $transport_maps $mynetwo
rks $virtual_mailbox_limit_maps'
root@srvsupemir4:~# postconf -e virtual_transport=dovecot
root@srvsupemir4:~# postconf -e dovecot_destination_recipient_limit=1
root@srvsupemir4:~#
```

Figure 19 : Suite configuration postfix.

Création d'un certificat SSL pour postfix

Nous avons créé ce certificat avec la commande suivante :

```
root@srvsupemir4:~# cd /etc/postfix
root@srvsupemir4:/etc/postfix# openssl req -new -outform PEM -out smtpd.cert -ne
wkey rsa:2048 -nodes -keyout smtpd.key -keyform PEM -days 365 -x509
Generating a 2048 bit RSA private key
.................................+++
.................................+++
writing new private key to 'smtpd.key'
-----
You are about to be asked to enter information that will be incorporated
into your certificate request.
What you are about to enter is what is called a Distinguished Name or a DN.
There are quite a few fields but you can leave some blank
For some fields there will be a default value,
If you enter '.', the field will be left blank.
-----
Country Name (2 letter code) [AU]:MO
State or Province Name (full name) [Some-State]:Casablanca
Locality Name (eg, city) []:Casablanca
Organization Name (eg, company) [Internet Widgits Pty Ltd]:SUPEMIR
Organizational Unit Name (eg, section) []:Ecole Supérieure
Common Name (eg, YOUR name) []:srvsupemir4@labs.supemir.ma
Email Address []:support@labs.supemir.ma
root@srvsupemir4:/etc/postfix#
```

Figure 20 : Création du certificat SSL.

Le certificat créé, nous lui avons attribué les droits nécessaires pour l'utilisation de la clé par cette commande : `chmod o = /etc/postfix/smtpd.key`

Configuration de saslauthd pour utiliser Mysql

Le saslauthd est le processus démon qui prend en charge l'authentification en texte plein des requêtes des utilisateurs. Il faut créer un répertoire pour saslauthd avec la commande :

```
mkdir -p /var/spool/postfix/var/run/saslauthd
```

Ensuite, il faut faire une sauvegarde du fichier **/etc/default/saslauthd** avec la commande :

```
cp -a /etc/default/saslauthd /etc/default/saslauthd.bak
```

Nous avons remplacé son contenu comme suit :

```
START=yes
DESC="SASL Authentication Daemon"
NAME="saslauthd"
MECHANISMS="pam"
MECH_OPTIONS=""
THREADS=5
```

```
OPTIONS="-c -m /var/spool/postfix/var/run/saslauthd -r"
```

Il faut aussi crée le fichier **/etc/pam.d/smtp** avec ce contenu :

```
auth      required    pam_mysql.so user=mail_admin
passwd=mail_admin_password host=127.0.0.1 db=mail
table=users usercolumn=email passwdcolumn=password
crypt=1

account   sufficient   pam_mysql.so    user=mail_admin
passwd=mail_admin_password   host=127.0.0.1    db=mail
table=users  usercolumn=email   passwdcolumn=password
crypt=1
```

Le dernier fichier à créer est **/etc/postfix/sasl/smtp.conf** avec ce contenu :

```
pwcheck_method: saslauthd
mech_list: plain login
allow_plaintext: true
auxprop_plugin: mysql
sql_hostnames: 127.0.0.1
sql_user: mail_admin
sql_passwd: mail_admin_password
sql_database: mail
sql_select: select password from users where email = '%u'
```

Nous avons donné des permissions et droits adéquats pour l'utilisation de ces fichiers de configuration de la manière suivante :

```
chmod o= /etc/pam.d/smtp
chmod o= /etc/postfix/sasl/smtpd.conf
```

Pour que postfix puisse utiliser les services du deomon saslauthd, il faut ajouter l'utilisateur postfix au groupe sasl, puis redémarrer les services pour la prise en compte des configurations faites :

```
adduser postfix sasl
service postfix restart
service saslauthd restart
```

Configuration de Dovecat

Nous avons choisi ce serveur IMAP/POP3 pour sa aisance à configurer et son efficacité. Pour configurer Divecot, nous avons édité le fichier **/etc/postfix/master.cf** et ajouté en fin de ligne :

```
dovecot    unix     -        n          n          -           -
pipe
    flags=DRhu                                        user=vmail:vmail
argv=/usr/lib/dovecot/deliver -d ${recipient}
```

Avant la modification du fichier /etc/dovecot/dovecot.conf de sauvegarde avec cette commande :

```
cp -a /etc/dovecot/dovecot.conf /etc/dovecot/dovecot.conf.bak
```

Nous l'avons édité ensuite remplacé son contenu par celui-ci :

```
protocols = imap imaps pop3 pop3s
log_timestamp = "%Y-%m-%d %H:%M:%S "
mail_location = maildir:/home/vmail/%d/%n/Maildir

ssl_cert_file = /etc/ssl/certs/dovecot.pem
ssl_key_file = /etc/ssl/private/dovecot.pem

namespace private {
    separator = .
    prefix = INBOX.
    inbox = yes
}

protocol lda {
    log_path = /home/vmail/dovecot-deliver.log
    auth_socket_path = /var/run/dovecot/auth-master
    postmaster_address = postmaster@labs.supemir.ma
    mail_plugins = sieve
    global_script_path = /home/vmail/globalsieverc
}

protocol pop3 {
    pop3_uidl_format = %08Xu%08Xv
}

auth default {
    user = root
```

```
    passdb sql {
        args = /etc/dovecot/dovecot-sql.conf
    }

    userdb static {
        args = uid=5000 gid=5000 home=/home/vmail/%d/%n
allow_all_users=yes
    }

    socket listen {
        master {
            path = /var/run/dovecot/auth-master
            mode = 0600
            user = vmail
        }

        client {
            path = /var/spool/postfix/private/auth
            mode = 0660
            user = postfix
            group = postfix
        }
    }
}
```

Etant donné que Mysql est utilisé pour stocker les mots de passe, nous avons faites une copie de sauvegarde et l'avons ainsi modifié :

```
driver = mysql
connect = host=127.0.0.1 dbname=mail user=mail_admin
password=mail_admin_password
default_pass_scheme = CRYPT
password_query = SELECT email as user, password FROM
users WHERE email='%u';
```

La configuration de dovecot terminées, il faut redémarrer pour se rassurer qu'il fonctionne: `service dovecot restart`.

Une vérification également dans le fichier **/var/log/mail.log** est nécessaire en utilisant la commande tail : **tail /var/log/mail.log,** nous avons obtenu ceci

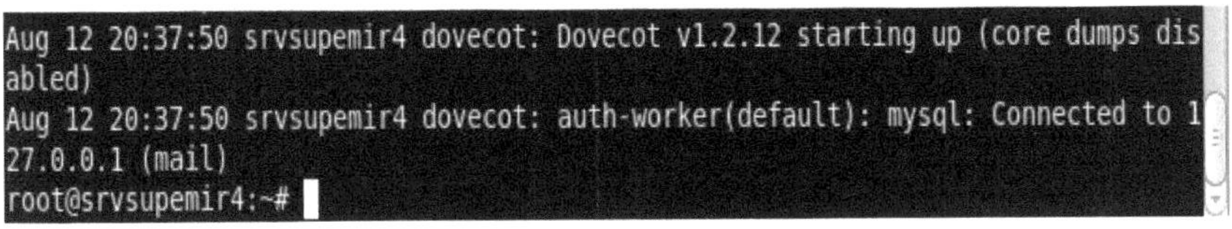

```
Aug 12 20:37:50 srvsupemir4 dovecot: Dovecot v1.2.12 starting up (core dumps disabled)
Aug 12 20:37:50 srvsupemir4 dovecot: auth-worker(default): mysql: Connected to 127.0.0.1 (mail)
root@srvsupemir4:~#
```

Figure 21 : Aperçu des fichiers logs.

Avant de tester dovecot, nous avons modifié les permissions sur le fichier **/etc/dovecot/dovecot.conf** pour permettre à l'utilisateur **vmail** d'y accéder :

```
chgrp vmail /etc/dovecot/dovecot.conf
chmod g +r /etc/dovecot/dovecot.conf
```

Test de connexion au serveur pop

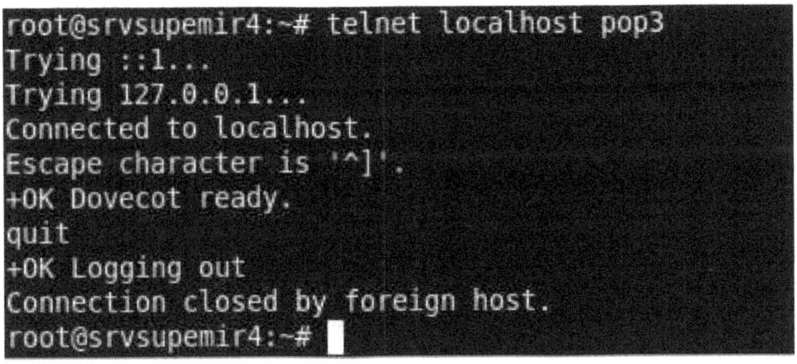

```
root@srvsupemir4:~# telnet localhost pop3
Trying ::1...
Trying 127.0.0.1...
Connected to localhost.
Escape character is '^]'.
+OK Dovecot ready.
quit
+OK Logging out
Connection closed by foreign host.
root@srvsupemir4:~#
```

Figure 22 : Test de connexion au serveur POP.

Configuration des alias messagerie

Pour ce faire, nous avons édité le fichier **/etc/aliases** et l'avons ainsi modifié :

```
postmaster: root
root: postmaster@labs.supemir.ma
```

Après avoir modifié ce fichier, un redémarrage de Postfix est requis pour mettre à jour les alias. La configuration de Postfix est complète, nous sommes au test du serveur mail pour être sûr qu'il fonctionne correctement.

```
root@srvsupemir4:~# newaliases
root@srvsupemir4:~# service postfix restart
 * Stopping Postfix Mail Transport Agent postfix                    [ OK ]
 * Starting Postfix Mail Transport Agent postfix                    [ OK ]
root@srvsupemir4:~#
```

Figure 23 : Redémarrage de postfix

Test de Postfix

Pour ce faire, il faut saisir la commande suivante : `telnet localhost 25`

Etant connecté, il faut saisir cette commande pour continuer le test : `ehlo localhost`

Nous obtenons ceci :

```
root@srvsupemir4:~# telnet localhost 25
Trying ::1...
Trying 127.0.0.1...
Connected to localhost.
Escape character is '^]'.
220 srvsupemir4.labs.supemir.ma ESMTP Postfix (Ubuntu)
ehlo localhost
250-srvsupemir4.labs.supemir.ma
250-PIPELINING
250-SIZE 30720000
250-VRFY
250-ETRN
250-STARTTLS
250-AUTH LOGIN PLAIN
250-AUTH=LOGIN PLAIN
250-ENHANCEDSTATUSCODES
250-8BITMIME
250 DSN
quit
221 2.0.0 Bye
Connection closed by foreign host.
root@srvsupemir4:~#
```

Figure 24 : Aperçu du test de connexion au serveur.

Pour quitter Postfix, il faut entrer la commande **quit**.

Configuration des domaines et des utilisateurs

Nous avons dans cette partie, ajouté notre domaine **labs.supemir.ma** à la table **domains** et ajouté également un utilisateur nommé **test** à la table **users**. Ceci a nécessité une connexion à la base de données comme suit :

```
mysql -u root -p

USE mail;
INSERT INTO domains (domain) VALUES ('labs.supemir.ma');
INSERT INTO users (email, password) VALUES
('test@labs.supemir.ma', ENCRYPT('password'));
Quit
```

Pour activer les nouveaux comptes emails, il faut leur envoyer un message afin qu'ils soient accessibles par IMAP ou POP3. Ceci est au fait que les emails des nouveaux utilisateurs ne sont pas créés jusqu'à ce qu'un mail ne leur soit envoyés.

Nous nous sommes servis de **mailutils** pour envoyer un message à notre nouvel utilisateur **test**, pour ce faire on tape la commande :

```
root@srvsupemir4:~# mailx test@labs.supemir.ma
Cc:
Subject: test
Bonjour!!!
root@srvsupemir4:~#
```

Figure 25 : Envoi de mail.

La combinaison de touche ctrl+D est utilisé pour compléter le message.

Ensuite une vérification des fichiers de log de Dovecot situé dans **/var/log/mail.log** est requise, nous avons obtenu le message ci-dessous, ce qui signifier que le mail a bien été envoyé :

```
root@srvsupemir4:~# tail /var/log/mail.log
Aug 13 04:22:49 srvsupemir4 postfix/qmgr[1092]: 5C2B143D21: from=<root@labs.supemir.ma>, size=364, nrcpt=1 (queue active)
Aug 13 04:22:49 srvsupemir4 postfix/pipe[2081]: 5C2B143D21: to=<test@labs.supemir.ma>, relay=dovecot, delay=857, delays=857/0.04/0/0.4, dsn=2.0.0, status=sent (delivered via dovecot service)
Aug 13 04:22:49 srvsupemir4 postfix/qmgr[1092]: 5C2B143D21: removed
Aug 13 04:27:20 srvsupemir4 postfix/master[1078]: terminating on signal 15
Aug 13 04:27:20 srvsupemir4 postfix/master[2247]: daemon started -- version 2.7.1, configuration /etc/postfix
Aug 13 04:27:55 srvsupemir4 postfix/pickup[2249]: 8363A43D2B: uid=0 from=<root>
Aug 13 04:27:55 srvsupemir4 postfix/cleanup[2309]: 8363A43D2B: message-id=<20110813042755.8363A43D2B@srvsupemir4.labs.supemir.ma>
Aug 13 04:27:55 srvsupemir4 postfix/qmgr[2250]: 8363A43D2B: from=<root@labs.supemir.ma>, size=363, nrcpt=1 (queue active)
Aug 13 04:27:55 srvsupemir4 postfix/pipe[2412]: 8363A43D2B: to=<test@labs.supemir.ma>, relay=dovecot, delay=0.28, delays=0.18/0.01/0/0.09, dsn=2.0.0, status=sent (delivered via dovecot service)
Aug 13 04:27:55 srvsupemir4 postfix/qmgr[2250]: 8363A43D2B: removed
root@srvsupemir4:~#
```

Figure 26 : Aperçu du fichier mail.log

Enfin une vérification des fichiers de log de Dovecot situé dans **/home/vmail/dovecot-deliver.log** est requise, nous avons obtenu le message ci-dessous, ce qui signifier que le mail a bien été envoyé :

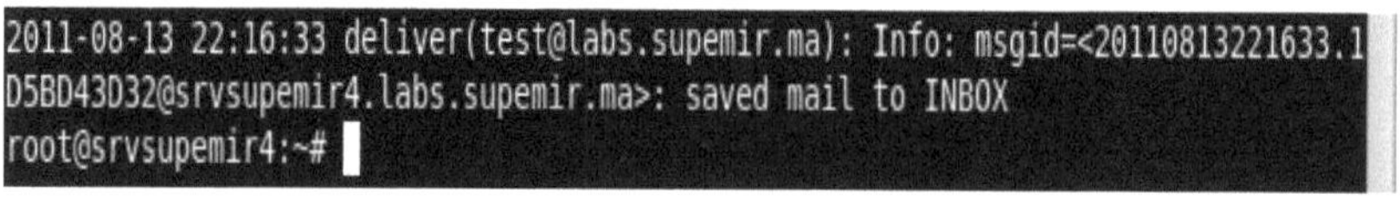

```
2011-08-13 22:16:33 deliver(test@labs.supemir.ma): Info: msgid=<20110813221633.1
D5BD43D32@srvsupemir4.labs.supemir.ma>: saved mail to INBOX
root@srvsupemir4:~#
```

La configuration de notre serveur mail s'achève ici, mais pour permettre à nos utilisateurs de pouvoir accéder à leur mail en interface graphique nous avons donc à cet effet mis en place un webmail.

Installation de squirrelmail

Un webmail ou messagerie Web, est une interface Web rendant possible l'émission, la consultation et la manipulation de courriers électroniques directement sur le Web depuis un navigateur.

Un logiciel de webmail est un client de messagerie qui s'exécute sur un serveur Web, Il sert d'interface entre un serveur de messagerie et un navigateur web contrairement au client lourd qui permet les mêmes opérations à partir d'un logiciel installé localement sur un ordinateur personnel. Les avantages du webmail pour l'utilisateur sont de ne pas avoir à installer un logiciel spécialisé sur sa ou ses machines, de ne pas avoir à faire la configuration de base pour envoyer et recevoir le courrier et de déporter la responsabilité de la sécurité de l'installation vers le serveur. Les inconvénients de cette solution sont d'être dépendant en performance de la rapidité du réseau, en particulier si le nombre de message est grand ou s'il y a des pièces jointes de taille importante dans les messages.

Nous avons plusieurs sortes de webmail sous la distribution GNU/Linux dont les plus connus sont : Squirrelmail et Roundcube. Dans la suite de notre projet, nous avons utilisé Squirrelmail pour sa facilité de déploiement, sa rapidité et sa configuration assez simple.

Nous avons installé Squirrelmail en saisissant la commande :

```
apt-get install squirrelmail
```

Il est fourni avec une interface qui facilite sa configuration. Cette interface est accessible par la commande : squirrelmail-configure

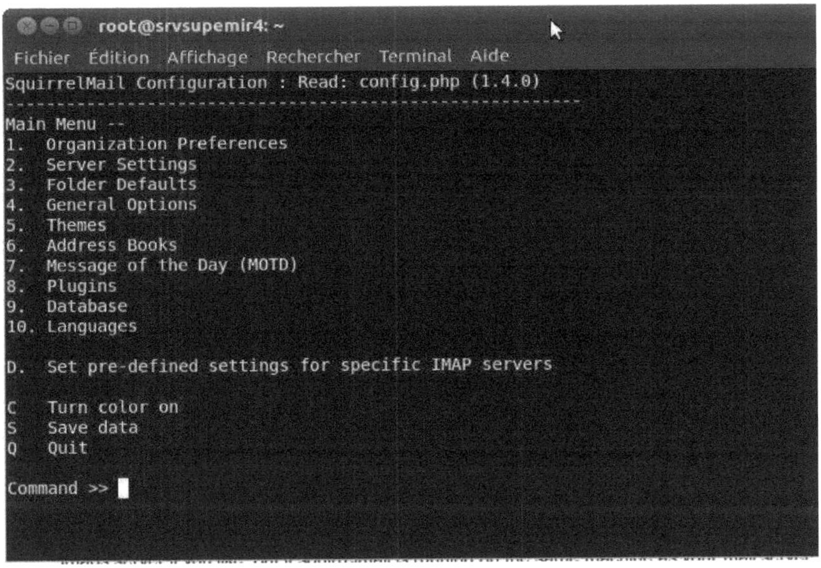

Figure 27 : Interface de configuration de squirrelmail.

Le menu 2 '**Server settings**' (paramètres du serveur de messagerie) permet de renseigner les paramètres IMAP tels que le nom du serveur, le port utilisé et dans le menu 4 '**General options**', nous avons activé l'option '**Allow server-side sorting**' pour permettre le tri des mails côté serveur.

Squirrelmail est livré avec un fichier de configuration apache dans /etc/squirrelmail/apache.conf . Pour permettre l'accès à squirrelmail via un navigateur, nous avons copié ce fichier dans /etc/apache2/sites-available/squirrelmail avec la commande :

```
cp /etc/squirrelmail/apache.conf /etc/apache2/sites-
available/squirrelmail
```

Ensuite nous avons créé un lien vers le répertoire sites-enabled avec la commande :

```
ln -s /etc/apache2/sites-available/squirrelmail
/etc/apache2/sites-enabled/squirrelmail
```

Nous avons terminé la configuration, en saisissant en fin la commande : `a2ensite squirrelmail`

Test d'utilisation

Squirrelmail est accessible à travers cette url http://labs.supemir.ma/squirrelmail et nous obtenons cette interface qi permet à l'utilisateur de s'identifier pour accéder à sa boîtes aux lettres.

Figure 28 : Aperçu de l'interface de connexion à squirrelmail.

En entrant le login **test@labs.supemir.ma** et le mot de passe de notre utilisateur **'test'**, nous entrons dans la boîte mail et nous apercevons ci-dessous le contenu de sa boîte aux lettres.

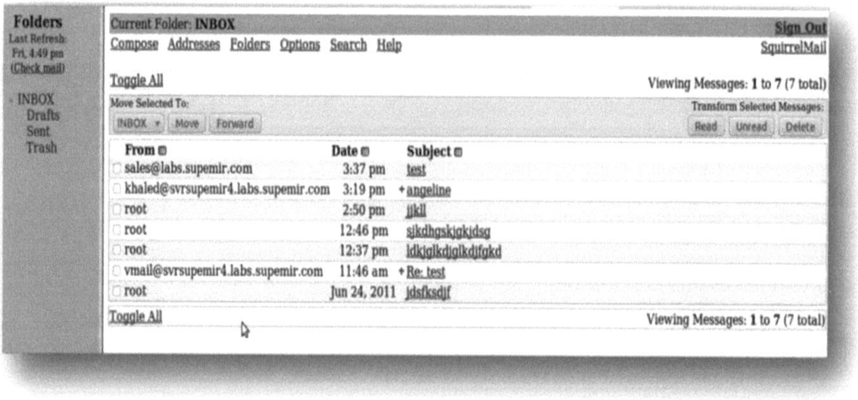

Figure 29 : Interface de la boîte aux lettres d'un utilisateur.

Nous avons créé des mails virtuels pour les membres de l'administration et les étudiants par niveau, tous ces utilisateurs peuvent désormais accéder à leurs boîte aux lettres à partir de toutes les machines du réseau local en saisissant l'adresse : http://labs.supemir.com/squirrelmail .

Après la mise en place de notre serveur mail et d'un webmail, nous avons pensé à implémenter une sécurité contre les spams, qui représentent une réelle entrave pour les serveurs mail. C'est ainsi que pour pallier au problème des spams, nous avons d'installer SpamAssassin.

Mise en place de SpamAssassin

Ce logiciel a pour but de filtrer le trafic des courriels pour éradiquer les courriels reconnus comme pourriels ou courriels non sollicités. Face à l'augmentation importante du spam, ce logiciel connaît un engouement important et est adaptable sur de nombreux serveurs de courriels Postfix.

SpamAssassin est un programme (en Perl) qui fait passer un certain nombre de tests au message. En fonction du résultat de ces tests, il attribue un score au message. Si le score dépasse un certain seuil, le courriel est alors considéré comme du Spam. SpamAssassin modifie alors le titre du message (il l'encadre par ** SPAM **). De plus, SpamAssassin positionne deux nouveaux en-têtes au message : X-Spam-Status et X-Spam-Level. Ces deux en-têtes permettent alors de créer des filtres dans votre client de messagerie pour orienter le message (par exemple vers la corbeille). Tous les messages doivent donc passer par SpamAssassin pour être traités, avant d'arriver dans leur dossier définitif. Nous allons donc procéder à l'installation de SpamAssassin. Ubuntu possède par défaut un anti-spam Bogofilter, il est installé et activé par défaut, il faut donc au préalable le désinstaller, cela se fait en ligne de commande ou en passant par la logithèque Ubuntu. Ensuite on peut installer SpamAssassin, en tapant la commande :

```
apt-get install spamassassin spamc
```

Nous avons souhaité qu'il ne démarre pas en tant que root, de ce fait nous avons créé un groupe et un utilisateur **spamd** de la manière suivante :

```
groupadd spamd
useradd -g spamd -s /bin/false -d /var/log/spamassassin spamd
mkdir /var/log/spamassassin
chown spamd: spamd /var/log/spamassassin
```

Pour automatiser le démarrage de spamassassin au démarrage du système, nous avons faites la modification suivante dans le fichier **/etc/default/spamassassin** :

```
ENABLED=1
SAHOME="/var/log/spamassassin/"
OPTIONS="--create-prefs --max-children 2 --username spamd
\-H ${SAHOME} -s ${SAHOME}spamd.log"
```

- -max-children définit le nombre de processus enfant
- -username définit le nom d'utilisateur de spamd précédemment créé
- -H définit le répertoire de base
- -s définit le fichier de log

Ensuite le redémarrage du deamon spamassassin se fait en exécutant la commande : **/etc/init.d/spamassassin start**.

Pour permettre à spamassassin d'utiliser Postfix, nous avons modifié le fichier /etc/postfix/master.cf en ajoutant cette ligne en début de ce fichier :

```
smtp      inet   n    -    -    -    -
smtpd
          -o content_filter=spamassassin
```

Puis en ajoutant cette autre à la fin du même fichier :

```
spamassassin Unix -    n    n    -    -
pipe
          user=spamd argv=/usr/bin/spamc -f -e
/usr/sbin/sendmail -oi -f ${sender} ${recipient}
```

Ceci fait, nous avons redémarré, nous avons redémarré Postfix pour charger la modification effectuée.

Il a été important de faire un test pour s'assurer du bon fonctionnement se spamassassin, de cet fait nous avons envoyé des spams volontairement à notre adresse test@labs.supemir.ma et une vérification des fichiers de log nous a donné le resultat ci-dessous qui atteste le bon fonctionnement du filtre anti spam.

```
Jul 26 14:56:10 localhost postfix/pipe[12139]:
9CBD5DA4BF: \

to=<test@labs.supemir.ma>, relay=spamassassin, delay=17,
status=sent (localhost)
```

Le serveur **srvsupemir4** hébergeant plusieurs services, l'administration, la supervision de tous ces services en ligne de commande s'avère très lourde ; afin faciliter ces tâches d'administration, nous avons installé un logiciel qui prend en charge une vue générale sur tous les services que nous avons installés sur ce serveur. C'est dans ce cadre qu'est intervenu **Webmin**.

Installation de Webmin

Webmin est un outil permettant d'administrer une machine Linux. Il s'utilise par le biais d'un navigateur web. Webmin est une mine d'or pour les administrateurs réseaux : presque tout peut être configuré avec Webmin.

Nous avons procédé à l'installation de Webmin en ajoutant d'abord sa clé à notre système en tapant :

```
cd /root
wget http://www.webmin.com/jcameron-key.asc
apt-key add jcameron-key.asc
```

La modification se fait également dans le fichier **/etc/apt/sources.list** en ajoutant cette ligne :

```
deb http://download.webmin.com/download/repository sarge contrib
```

Ceci fait, l'installation en ligne de commande est donc possible en exéxutant ces commandes :

```
apt-get update
apt-get install webmin
```

Pour utiliser Webmin, il faut entrer dans notre navigateur l'adresse **https://localhost:10000**. Et nous avons l'interface de login :

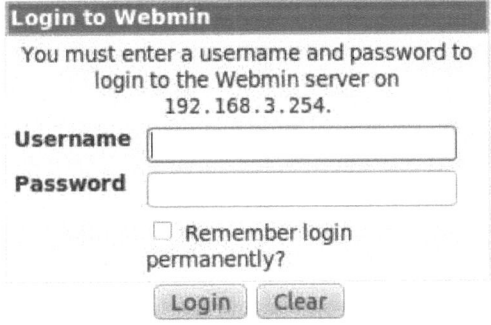

Figure 30 : Interface de connexion à Webmin.

Après avoir renseigné les champs de login et de mot de passe correctement, nous obtenons le panneau visuel ci-dessous :

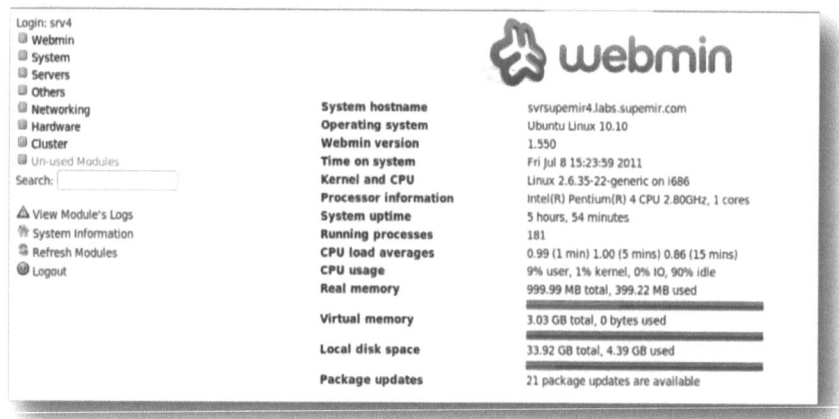

Figure 31 : Aperçu de la page d'accueil de Webmin.

Au travers de cette interface, nous avons une visibilité sur l'ensemble des services du système, nous pouvons leur apporter des modifications d'une manière aisée. Il reste à noter que pour des configurations affinées, il serait primordial de faire recourt aux fichiers de configuration afin de faire les modifications manuellement.

Notre serveur est désormais fonctionnel, tout en respectant le cahier de charge qui a été définit.

e. Serveur web

Le poste nommé **srvsupemir3** est le nom du serveur qui nous a servi de serveur web. Pour ce faire, nous avons procédé en deux étapes : d'abord nous avons installé un serveur web et ensuite hébergé un site web qui nous a servi de site de test.
Sous le système GNU/Linux, nous disposons d'une variété de serveurs mais les plus réputés sont : LAMP Server, Nginx, XAMPP.

Pour notre serveur, nous avons opté d'utiliser XAMPP car est que tout est bien ficelé pour que tout s'installe facilement et s'utilise très facilement. XAMPP est un kit d'installation d'Apache qui contient MySQL, PHP et Perl. Nous avons donc utilisé le kit Xampp pour les systèmes Linux ; ce kit (testé sous SuSE, RedHat, Mandrake and Debian) comprend : Apache, MySQL, PHP & PEAR, Perl, ProFTPD, phpMyAdmin, OpenSSL, GD, Freetype2, libjpeg, libpng, gdbm, zlib, expat, Sablotron, libxml, Ming, Webalizer, pdf class, ncurses, mod_perl, FreeTDS, gettext, mcrypt, mhash, eAccelerator, SQLite et IMAP C-Client.

Installation

Nous avons récupéré l'archive de xampp sur le site http://www.apachefriends.org/fr/xampp-linux.html . Il s'installe de la manière suivante :

```
root@srvsupemir3:~# tar xvfz /home/srv3/Téléchargements/xampp-linux-1.7.4.tar.gz -C /opt/
```

Explication :

- tar : le programme permettant de gérer les archives tar ou tar.gz (c'est le cas échéant).
- x : extrait l'archive.
- v : montre ce qu'il fait (vous verrez par vous-même si vous l'activez).
- f : utilise le fichier donné en paramètre, dans notre cas nous avons donné le chemin d'accès absolu à ce fichier.
- z : prend en charge le type d'archive gzip (qui est utilisé ici).
- -C : redirige l'extraction de l'archive vers le dossier donné en paramètre après.
- /opt : répertoire d'installation des logiciels supplémentaires.

L'installation terminée, il est nécessaire de démarrer le service pour pouvoir l'utiliser, ceci au travers de la commande : **/opt/lampp/lampp start**.

```
root@srvsupemir3:~# /opt/lampp/lampp start
Starting XAMPP for Linux 1.7.4...
XAMPP: Starting Apache with SSL (and PHP5)...
XAMPP: Starting MySQL...
XAMPP: Starting ProFTPD...
XAMPP for Linux started.
root@srvsupemir3:~#
```

Figure 32 : Démarrage de xampp.

Test d'utilisation

Notre serveur web installé, il a fallu vérifier qu'il fonctionne correctement et pour ce faire nous avons saisi l'adresse http://localhost dans la barre d'adresse du.

Sécurisation

L'inconvénient de xampp est qu'il est destiné à un usage de développement afin d'offrir le plus d'ouverture possible. Les éléments de sécurité absents observés sont les suivants :

- Le mot de passe de l'administrateur de la base de données Mysql,
- L'accès au serveur de base de données depuis le réseau,
- Le serveur ftp intégré utilise un mot de passe par défaut connu,
- phpMyadmin est accessible depuis le réseau,
- Mysql et Apache s'exécutent via le même utilisateur.

Ceci ouvre des brèches exploitables par un utilisateur malveillant ou des initiateurs d'attaques sur internet.

Pour corriger ces faiblesses de sécurité, il a été important pour nous d'exécuter cette commande : /opt/lampp/lampp security, elle effectue une vérification de sécurité et rend le service xampp plus sécurisé. Elle permet en fait de modifier les paramètres par défaut de la manière suivante.

```
root@srvsupemir3:~# /opt/lampp/lampp security
XAMPP: Quick security check...
XAMPP: Your XAMPP pages are NOT secured by a password.
XAMPP: Do you want to set a password? [yes]
XAMPP: Password:
XAMPP: Password (again):
XAMPP: Password protection active. Please use 'lampp' as user name!
XAMPP: The MySQL/phpMyAdmin user pma has no password set!!!
XAMPP: Do you want to set a password? [yes]
XAMPP: Password:
XAMPP: Password (again):
XAMPP: Setting new MySQL pma password.
XAMPP: Setting phpMyAdmin's pma password to the new one.
XAMPP: MySQL has no root passwort set!!!
XAMPP: Do you want to set a password? [yes]
XAMPP: Write the password somewhere down to make sure you won't forget it!!!
XAMPP: Password:
XAMPP: Password (again):
XAMPP: Setting new MySQL root password.
XAMPP: Change phpMyAdmin's authentication method.
XAMPP: The FTP password for user 'nobody' is still set to 'lampp'.
XAMPP: Do you want to change the password? [yes]
XAMPP: Password:
XAMPP: Password (again):
XAMPP: Reload ProFTPD...
XAMPP: Done.
root@srvsupemir3:~#
```

Figure 33 : Sécurisation du serveur Web.

Déploiement de notre site web

Pour ce déploiement, nous avons utilisé le CMS Joomla! sous lequel nous avons créé un site pour l'école SUPEMIR. Joomla! Est un système de gestion de contenu libre, open source et gratuit. Il est écrit en PHP et utilise une base de données MySql.

Nous avons donc exporté notre site créé localement et nous l'avons hébergé sous le serveur web. Voici les étapes de mise en place de notre site web sous notre serveur :
- ➢ Exportation de la base de données de notre site,
- ➢ Création d'une nouvelle base de données qui va accueillir la base de données sous PhpMyAdmin de Xampp,
- ➢ Copie de l'ensemble des fichiers de notre site que nous avons placé à l'arborescence de la racine de notre site que nous avons créé avec la commande :

sudo mkdir /opt/lampp/htdocs/supemir

- ➢ Pour que le site soit fonctionnel sous notre serveur, nous avons donc modifié le fichier de configuration de notre site config.php (se trouvant à la racine de notre site) pour qu'il puisse avoir accès à la base de données.

Nous avons renseigné ce fichier par rapport à la configuration de notre serveur.
- ➤ Pour permettre ensuite aux utilisateurs d'avoir accès à notre site, nous leur avons donné les droits d'accès au dossier supemir et à ses arborescences grâce à la commande : **sudo chmod -R 777 /opt/lampp/htdocs/supemir**

Maintenant nous pouvons nous connecter à notre site, en saisissant dans notre navigateur **https://localhost/supemir**, ou depuis une machine du réseau nous saisissons : **https://192.168.4.2/supemir**.

Figure 34 : Aperçu du site de test de SUPEMIR hébergé sur notre serveur.

f. Serveur proxy

Notre choix pour Squid se justifie par sa nature de logiciel libre et sa performance. Pour sa mise en place tout comme les autres logiciels il faut avoir les droits d'administration.

Installation

L'installation se fait au moyen de la commande : **apt-get install squid**, celui-ci s'installe et crée un répertoire **/etc/squid/** contenant le principal fichier de configuration nommé **squid.conf**.

Configuration

La configuration par défaut de squid est fonctionnelle, mais nous avons apporté des modifications au fichier de configuration afin de l'optimiser, de mieux l'adapter à notre environnement et également pour rester en parfaite adéquation avec notre cahier de charges. Nous avons édité le fichier squid.conf et nous avons ajouté les lignes suivantes :

> Définition des droits d'accès (contrôle d'accès)

Nous avons défini ici les listes de contrôle d'accès pour la gestion des droits d'accès.

```
# définit le réseau local que squid doit gérer
acl local_network src 192.168.3.0/24
# définit un ensemble de poste auxquels nous autoriserons
l'accès à l'interface du routeur
acl allow_clients src 192.168.3.11 192.168.3.12
192.168.3.13 192.168.3.14 192.168.3.15
définit l'adresse du routeur auquel nous avons autorisé
l'accès à partir de certains postes
acl router dst 192.168.1.1/24
# définit l'horaire  de connexion le matin
acl matin time MTWHFA 06:00-09:00
# définit l'horaire  de connexion à la pause
acl pause time MTWHA 12:00-13:00
# définit l'horaire  de connexion dans l'après midi
acl pauseven time F 12:00-14:00
# définit l'horaire  de connexion le matin
acl soir time MTWHFA 16:00-23:00
```

Nous avons ajouté ces acls à la suite des lignes commaçant par « **acl local_net** » afin de respecter la structure du fichier.

> Application des ACLs

Après avoir créé les listes de contrôle d'accès, nous les avons autorisées à utiliser le proxy comme suit :

```
# autoriser les acces aux heures définies
http_access allow local_network matin
http_access allow local_network pause
http_access allow local_network pauseven
http_access allow local_network soir
# permettre un accès permanent à internet aux members de
l'administration
http_access allow allow_clients
# permettre aux member de l'administration d'accéder à
l'interface web du routeur, refuser aux postes
http_access allow allow_clients router
http_access deny !allow_clients router
```

Ces lignes sont ajoutées juste avant la ligne **http_access deny all** qui bloque tout ce qui n'est pas permit explicitement.

> Autres modifications

   o Nom du serveur

Dans la partie TAG : visible_hostname, nous avons ajouté le nom de notre serveur avec cette ligne : `visible_hostname srvsupemir2`

   o Ne pas divulguer l'identité du serveur

Nous avons désactivé l'option qui permet d'inclure l'adresse IP ou le nom du système dans les requêtes http que le serveur proxy transfert, ceci en décommentant et en modifiant la ligne « `# forwarded_for on|off` » comme suit : `forwarded_for on`. Ceci permet de réduire les failles de sécurité au niveau du proxy.

- Messages d'erreur

Par défaut les messages d'erreur de squid sont en anglais, nous avons configuré la langue française pour faciliter la compréhension des erreurs aux utilisateurs. Ainsi dans la partie TAG : error_directory, nous avons décommenté et modifié la ligne comme suit :

`error_directory /usr/share/squid/errors/French.`

- Cache web

Puisque notre proxy doit jouer le rôle de cache, nous avons augmenté la taille du cache en décommentant et en modifiant la ligne comme suit :

`cache_dir ufs /var/spool/squid 50000 32 512.`

- DNS

Nous avons ajouté cette ligne pour préciser les serveurs dns que le proxy doit interroger. Ceci se fait dans la partie TAG : dns_nameservers :

`dns_nameservers   192.168.1.1   192.168.3.254   212.217.0.1   212.217.0.12`

- Proxy transparent

Afin d'obliger tous les utilisateurs à passer par le proxy avant d'aller sur internet, nous avons configuré pour un usage transparent. Ainsi nous avons modifié la ligne « **http_port 3128** » comme suit : `http_port 3128 transparent.`

Pour un bon fonctionnement nous avons ajouté une règle au niveau du firewall qui redirige toutes les requêtes du réseau local utilisant le port 80 vers le serveur proxy.

Redémarrage du service

Après toutes les modifications, il est important de redémarrer le processus squid pour la prise en compte des paramètres configurés : **service squid stop** puis **service squid start**.

Installation et configuration de SquidGuard

Nous avons opté de couplé squid avec squidguard qui est un redirecteur utilisé par ce dernier pour limiter l'accès à certaines URL en fonction de l'utilisateur, de la machine, de l'heure, du contenu ...

Ce logiciel a plusieurs avantages, mais n'en avons utilisé que deux. Le premier d'entre eux est de limiter l'accès à des sites potentiellement dangereux pour le poste client et plus généralement pour le réseau. Enfin, d'un point de vue légal, le fait de détenir des documents dégradants étant répréhensible, la mise en place de SquidGuard contribue à se prémunir de ce genre de mésaventure.

- Installation : apt-get install squidGuard

- Récupération des blacklists (liste noire, elle contient des une liste des urls malveillantes)

```
wget ftp://ftp.univ-tlse1.fr/pub/reseau/cache/squidguard_contrib/blacklists.tar.gz
tar -zxvf blacklists.tar.gz -C /var/lib/squidguard/db/
cd /var/lib/squidguard/db
mv blacklists/* .
rm -rf blacklists
```

Nous avons paramétré une mise à jour hebdomadaire des listes noires du squidGuard en créant une tâche cron. Pour ce faire, nous avons le fichier nommé squidguard_blacklists (**gedit /etc/cron.weekly/squidguard_blacks**) et nous y avons inscrit les lignes suivantes :

```
#!/bin/sh
#
# Fichier de recup hebodmadaire /etc/cron.weekly/squidguard_blacklists
 if [ -d /var/lib/squidguard ]; then
wget ftp://ftp.univ-tlse1.fr/pub/reseau/cache/squidguard_contrib/blacklists.tar.gz -O /var/lib/squidguard/blacklists.tar.gz
```

```
tar -zxvf /var/lib/squidguard/blacklists.tar.gz -C
/var/lib/squidguard/
rm -rf /var/lib/squidguard/db
mkdir /var/lib/squidguard/db || true
mv -f /var/lib/squidguard/blacklists/*
/var/lib/squidguard/db/
chmod 2770 /var/lib/squidguard/db
rm -rf /var/lib/squidguard/blacklists
/var/lib/squidguard/blacklists.tar.gz
/usr/bin/squidGuard -C all
chown -R proxy:proxy /etc/squid /var/log/squid
/var/spool/squid /usr/lib/squid /usr/sbin/squid
/var/lib/squidguard
/etc/init.d/squid restart

fi
```

Nous avons rendu ce fichier exécutable comme suit : **chmod +x /etc/cron.weekly/squidguard_blacklists**

Nous avons également modifié le fichier de configuration de squidGuard afin de préciser les domaines auxquels nous avons appliqué des restrictions :

```
#
# CONFIG FILE FOR SQUIDGUARD
#
dbhome /var/lib/squidguard/db

logdir /var/log/squid

# ─────────────────────
# Définition de la base de données de filtrage utilisée
# ─────────────────────

dest adult {
domainlist adult/domains
urllist adult/urls
}

dest publicite {
domainlist publicite/domains
urllist publicite/urls
}
```

```
dest warez {
domainlist warez/domains
urllist warez/urls
}

dest porn {
domainlist porn/domains
urllist porn/urls
}

dest violence {
domainlist violence/domains
urllist violence/urls
}

# ─────────────────────────
# Définition des ACL
# ─────────────────────────

acl {
default {
# les thèmes supplémentaires sont à ajouter avant le mot-
clé all par !<nom du thème>
pass !porn !adult !publicite !warez !violence all
# page qui s'affichera lors d'une tentative d'accès àaux
sites interdits
redirect http://localhost/interdiction.html
}

}
```

Ceci fait, nous avons redémarré squid (**service squid restart**) pour charger les paramétrages effectués.

Configuration d'une machine cliente

Puisque le service fourni utilise un port particulier du serveur, les machines clientes doivent bien sûr être configurées en conséquence. Sur un poste client connecté sur le réseau local (avec une adresse IP valide) et qui établit parfaitement un 'ping' vers le serveur proxy, nous avons faites la configuration suivante.

Pour Firefox

Dans **Outils** -> **Options**

Sélection de l'onglet **Connexion** puis un clic sur **Réseau Local**

Cocher Serveur Proxy et entrer l'adresse IP 192.168.2.2 et le numéro de port d'écoute qui est 3128.

Pendant les heures où la connexion est interdite, les utilisateurs reçoivent ce message lorsqu'ils essaient de se connecter :

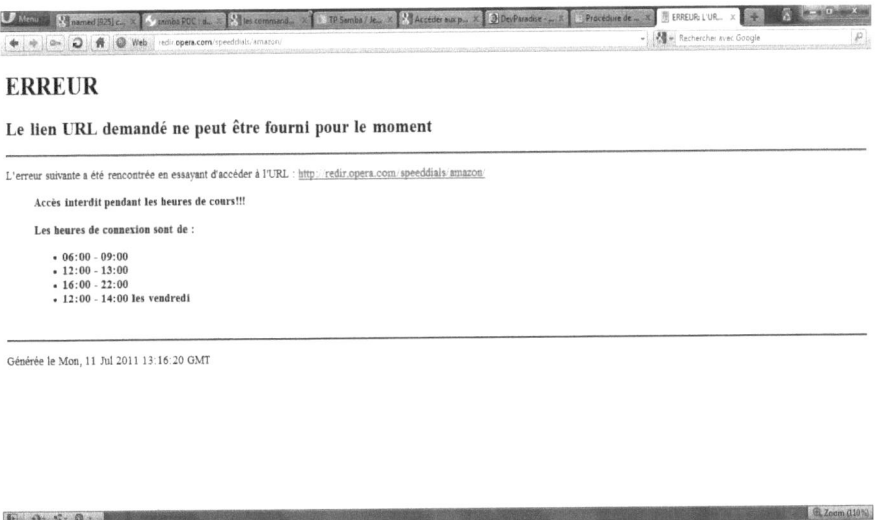

Figure 35 : Message d'erreur pendant les heures où la connexion est interdite.

Nous avons paramétré cette page pour qu'elle informe l'utilisateur des horaires auxquels il peut se connecter

g. Firewall

Notre firewall est un ordinateur sur lequel nous avons installé Red Had Enterprise linux server 5. **Netfilter** que nous avons utilisé est un firewall natif intégré à linux qui utilise **iptables** comme interface en ligne de commande pour sa configuration. Nous avons intégré trois cartes réseau à ce poste afin de le relier au serveur web et au serveur proxy par des câbles croisés ; il est relié au réseau local et au routeur par des câbles droits.

Nous avons attribué des adresses statiques à ces interfaces du firewall

Nous avons édité les fichiers et les avons modifiés comme suit :

gedit /etc/sysconfig/network-script/ifcfg-eth0

```
DEVICE=eth1
ONBOOT=yes
BOOTPROTO=dhcp
HWADDR=00:0c:29:74:15:67
TYPE=Ethernet
```

gedit /etc/sysconfig/network-script/ifcfg-eth1

```
DEVICE=eth0
ONBOOT=yes
BOOTPROTO=none
HWADDR=00:0c:29:74:15:5d
TYPE=Ethernet
NETMASK=255.255.255.0
IPADDR=192.168.2.1
USERCTL=no
IPV6INIT=no
PEERDNS=yes
```

gedit /etc/sysconfig/network-script/ifcfg-eth2

```
DEVICE=eth2
ONBOOT=yes
BOOTPROTO=none
HWADDR=00:0c:29:74:15:71
TYPE=Ethernet
NETMASK=255.255.255.0
IPADDR=192.168.4.1
USERCTL=no
IPV6INIT=no
PEERDNS=yes
```

gedit /etc/sysconfig/network-script/ifcfg-eth3

```
DEVICE=eth3
ONBOOT=yes
BOOTPROTO=none
HWADDR=00:0c:29:74:15:7b
NETMASK=255.255.255.0
IPADDR=192.168.3.1
TYPE=Ethernet
USERCTL=no
IPV6INIT=no
PEERDNS=yes
```

Mise en place de la passerelle

Afin d'activer le routage entre les quatres interfaces réseaux, nous avons activé le service routage de Linux par la commande : « **echo 1 > /proc/sys/net/ipv4/ip_forward** ».

Pour rendre ce routage permanant nous avons modifié cette valeur dans le fichier /etc/sysctl.conf en remplaçant la ligne « **net.ipv4.ip_forward= 0** » par « **net.ipv4.ip_forward = 1** ».

Règles de filtrage

Accès au réseau local à partir du réseau externe interdit

Toutes les requêtes http du réseau local doivent passer par le proxy

Accès au serveur web depuis le réseau local autorisé

Accès au serveur web depuis l'extérieur autorisé

Accès au réseau local depuis le serveur web interdit

Accès au serveur mail depuis l'extérieur autorisé

Accès au serveur proxy depuis l'extérieur interdit

Accès au réseau local depuis le serveur proxy interdit

II. SECURITE

Mise en œuvre d'un politique de sécurité

Nous avons axé notre politique de sécurité selon cinq axes :

- **Se prémunir des attaques** (proactif) en évitant, dans un premier temps, la présence des failles dans les composants du système d'information. Dans l'optique de respecter ce premier point, nous avons opté pour des versions stables des logiciels mis sur le réseau.

- **Bloquer les attaques** en leur empêchant de parvenir jusqu'aux composants sensibles et potentiellement vulnérables du système d'information ou plus généralement réduire les chances de succès des attaques même si elles visent des éléments vulnérables. Nous avons ainsi mis en œuvre un système de filtrage des paquets en fonction des adresses sources, destinations, les protocoles.

- **Renforcer la défense** (rétroactive) afin de limiter les conséquences d'une compromission de l'un ou l'autre des éléments du système d'information. Ce point nous semblait être le plus difficile à mettre en œuvre du fait de l'accessibilité de la salle accueillant les postes serveurs. Malgré cela, nous avons suggéré une mise en place d'un local technique à accès restreint.

- **Détecter et identifier** les incidents ou compromissions survenant sur le système d'information afin d'y faire face.

- **Réparer** le système suite à un incident ou à une compromission. Nous avons pensé à une sauvegarde périodique des configurations réalisées sur les machines, les fichiers de partages et les mails sur un support externes.

Réalisations

En terme de sécurité pour cette architecture, voici autres points abordés :

- ➢ Définition du domaine à protéger qui est le réseau local,
- ➢ Définition de l'architecture du réseau (pare-feu, DMZ),
- ➢ Mise en place d'une méthode d'authentification des utilisateurs lors de l'ouverture de session sur les postes clients,
- ➢ Mise en place d'une méthode d'authentification des utilisateurs lors de la connexion au domaine,

- Mise en place d'une méthode d'authentification des utilisateurs pour l'utilisation de certains services (messagerie, partage de fichiers)
- Restriction de l'accès au routeur aux membres de l'administration.

Suggestions

- Aménagement d'un local technique à accès restreint où tous les serveurs seront placés, ce dernier doit être une salle donc l'accès n'est autorisé qu'aux personnes qui administrent le réseau.
- Définition d'une fréquence de changement des mots de passe du compte administrateurs sur les serveurs.
- Sensibilisation des utilisateurs : tout utilisateur a le droit de recevoir les renseignements nécessaires à la bonne compréhension de ses responsabilités en matière de sécurité informatique.

Ce document peut servir de documentation à d'autres étudiants, pour ne pas donc compromettre la sécurité de nos serveurs, les mots de passe n'ont pas été diffusés dans ce document, ils seront remis à l'administrateur du réseau à la fin du projet.

CHAPITRE IV : EVALUATION FINANCIERE

Quelque que soit le type et la nature d'un projet, une analyse de sa faisabilité économique s'avère primordiale. Ce chapitre repose essentiellement sur l'étude de faisabilité au niveau économique. Elle permet d'estimer grossièrement les coûts d'investissement et de fonctionnement du projet, les délais prévus et les retours sur investissements possibles.

I. PLANNING DE REALISATION DES TRAVAUX

La planification indique le calendrier général d'exécution des grandes étapes du projet. Chacune de ces étapes contient des sous étapes qui vont être développées lors de l'exécution du projet.

Etapes	Durée	Mois 1	Mois 2	Mois 3
Réunion de lancement et cadrage du projet Identification des risques.				
Conception de l'architecture				
Déploiement et configuration				
Tests				
Mise en production, transfert de compétence				

Tableau 5 : les étapes t la durée du projet.

Vu le temps que nous avons mis pour le déploiement du réseau de SUPEMIR, pour un éventuelle projet de même nature, nous estimons à trois mois le temps nécessaire pour présenter une solution complète, avec une documentation à l'appui.

II. COUT DE MISE EN ŒUVRE

L'offre financière est exprimée en journées homme de travail, auxquelles sont associés les coûts unitaires suivants, fonction des profils des experts intervenant sur le projet :

- Direction de projet / Responsable technique : 300 Dhs HT / jour
- Chef de projet: 250 FCFA Dhs / jour
- Ingénieur système et réseaux : 300 Dhs / jour

Sur ces bases, le budget lié à la réalisation des composants de la solution global est présenté comme suit.

1. Fourniture matériels

Matériel	Quantité	Coût
Ordinateur	4	1200
Switch	1	600
Câble RJ-45 catégorie 6		100
Carte réseau Ethernet	3	600
Total		2500

Tableau 6 : Fourniture matériels, coût en Dirham.

Ces matériels peuvent varier si le client opte pour la virtualisation de ses certains serveurs.

2. Mise en place des serveurs

Tâches	Coût en Dhs
Cadrage du projet : - Mise en place du cadre organisationnel - Identification des risques liés à l'exécution du projet	1000
Conception et rédaction du dossier technique de la solution	2000
Mise en œuvre de la solution : - Installation et configuration des postes - Configuration des noeufs actifs du réseau	2000
Déploiement de la solution	1000
Total	**6000**

Tableau 7 : Coût de la mise en œuvre.

3. Coordination

Coordination	Coût
Coordination et vérification de la bonne exécution du projet	1000
Total	**1000**

4. Récapitulatif du coût de la prestation

Liste des prestations	Coût
Fourniture de matériel	2500
Mise en place de la solution	6000
Coordination et vérification de la bonne exécution du projet	1000
Pré requis : formations (formations pour l'administrateur)	800
Total	

CONCLUSION

La sécurité des systèmes d'informations prend tout son sens dans un contexte tel que celui dans lequel nous avons travaillé. La connaissance des principes de base de la sécurité ainsi que la mise en place d'une bonne politique de sécurité a contribué, dans ce cadre, à instaurer un réseau sécurisé même si l'activité de ce dernier n'était pas significative par rapport à la durée du projet. Même si les exigences fonctionnelles et non fonctionnelles ont été satisfaites, ce manque aurait pu être comblé par une capacité étendue de virtualisation du parc, offrant une continuité de service à ce dernier.

Les enseignements acquis par le biais de notre autonomie et la démarche de recherche ont incontestablement participé à l'acquisition de méthodes valorisantes pour l'avenir professionnel se dessinant à court terme.

REFERENCES BIBLIOGRAPHIES

- Support électronique

http://www.apachefriends.org/fr/xampp-windows.html

http://library.linode.com/email/postfix/dovecot-mysql-ubuntu-10.10-maverick

https://help.ubuntu.com/community

http://doc.ubuntu-fr.org

http://fr.wikipedia.org

- Support papier

Supports de cours technologies réseaux, sécurité internet, administration réseaux sous Unix.

GLOSSAIRE

Bande de base : Mode de transmission où les informations à transmettre ne subissent pas de modification de rythme entre l'émetteur et le canal de transmission, et où la modulation occupe la totalité de la bande passante.

Laser : fondamentalement, un amplificateur de lumière (fonctionnant grâce à l'émission stimulée) dont la sortie est branchée sur l'entrée.

Garde-barrière : Système logiciel ou matériel utilisé pour empêcher les intrusions non autorisées sur un réseau.

URI : courte chaîne de caractères identifiant une ressource sur un réseau.

Latence : décalage entre le temps d'émission et de réception d'une information.

Gigue : variation du délai de transfert de l'information.

Blacklist : listes des sites internet qui ne respectes pas certaines règles et conditions et qui sont de ce fait réprimandés par les moteurs de recherches.

LISTES DES FIGURES

Figure 1 : Evolution du risque en fonction de la vulnérabilité et de la menace. 30

Figure 2 : Architecture du réseau existant 41

Figure 3 : Architecture du réseau de SUPEMIR 50

Figure 4 : Architecture de déploiement. 51

Figure 5 : Renouvèlement de bail IP. 57

Figure 6 : Résultat du test de résolution de nom par le serveur DNS. 63

Figure 7 : Création des groupes et des utilisateurs. 64

Figure 8 : Ajout des utilisateurs au serveur Samba. 65

Figure 9 : Ajout du groupe des ordinateurs et d'un compte machine à Samba. . 65

Figure 10 : Création des répertoires de partage. 66

Figure 11 : Résultat du test de la syntaxe du fichier de configuration. 73

Figure 12 : Aperçu des répertoires partagés sur le serveur. 74

Figure 13 : Utilisation du serveur. 74

Figure 14 : Intégration d'un client windows au domaine. 75

Figure 15 : Lecteurs réseau associées au partage de l'utilisateur achraf. 76

Figure 16 : Vérification du nom d'hôte. 77

Figure 17 : Connexion à la base de données. 78

Figure 18 : Création d'un utilisateur avec d'c droits. 79

Figure 19 : Suite configuration postfix. 82

Figure 20 : Création du certificat SSL. 83

Figure 21 : Aperçu des fichiers logs. 87

Figure 22 : Test de connexion au serveur POP. 87

Figure 23 : Redémarrage de postfix 88

Figure 24 : Aperçu du test de connexion au serveur. 88

Figure 25 : Envoi de mail. 89

Figure 26 : Aperçu du fichier mail.log 90

Figure 27 : Interface de configuration de squirrelmail. 91

Figure 28 : Aperçu de l'interface de connexion à squirrelmail. 92

Figure 29 : Interface de la boîte aux lettres d'un utilisateur. 92

Figure 30 : Interface de connexion à Webmin. 96

Figure 31 : Aperçu de la page d'accueil de Webmin. 96

Figure 32 : Démarrage de xampp. 97

Figure 33 : Sécurisation du serveur Web. 99

Figure 34 : Aperçu du site de test de SUPEMIR hébergé sur notre serveur. ... 100

Figure 35 : Message d'erreur pendant les heures où la connexion est interdite.107

LISTE DES TABLEAUX

Tableau 1 : Caractéristiques des ordinateurs du réseau de SUPEMIR. 42

Tableau 2 : Equipements d'interconnexion 43

Tableau 3 : Matériels pour le déploiement.. 48

Tableau 4 : Plan d'adressage 53

Tableau 5 : les étapes t la durée du projet. 113

Tableau 6 : Fourniture matériels, coût en Dirham.. 113

Tableau 7 : Coût de la mise en œuvre... 114

LISTE DES SIGLES ET ABREVIATIONS

ADSL : Asymetric Digital Suscriber Line

AFNIC: Association Française pour le Nommage Internet en Coopération

ANSI/TIA/EIA: American National Standards Institute/Telecommunications Industry Association/ Electronic Industries Alliance

ATM : Asynchronous Transfer Mode

BIND: Berkley Internet Naming Daemon

BNC: Bayonet Neill–Concelman

CPU: Centrat Process Unit

DD: Disque Dur

DHCP : Dynamic Host Configuration Protocol

DIFFServ: Differentiated Services or DiffServ

DMZ: Demilitarized zone

DNS: Domain Name Sever

DNSSEC : DNS Security Extensions

DWDM: Dense Wavelength Division Multiplexing

FDDI : Fiber Distributed Data Interface

FTP : Foiled Twisted Pair

HTTP: Hypertext Transfert Protocol

IAP : Internet Access Provider

ICMP: Internet Control Message Protocol

IEEE: Institute of Electrical and Electronics Engineers

IGMP (Internet Group Management Protocol)

IIS: Internet Information Services

IMAP: Internet Message Access Protocol

IP : Internet Protocol

IPSec: Internet Protocol Security

IPV4:Internet Protocol version 4

ISO: Interconnection des Systèmes Ouverts

LDAP : Lightweight Directory Access Protocol

LAN: Local Area Network

L2TP: Layer 2 Tunneling Protocol

MAC : Media Access Control

MAN: Metropolitan Area Network

MIME : Multiputpose Internet Mail Extention

MRTG: Multi Router Traffic Grapher

NAT : Network Address Translation

NIC: Network Interface Card

OSI: Open System Interconnect

OSPF : Open Shortest Path First

PCMCIA: Personal Computer Memory Card International Association

PDC : Primary Domain Controler

PID: Proccess Identifier

POP: Post Office Protocol

PPTP: Point-to-Point Tunneling Protocol

QOS: Quality Of Service

RAID :Redundant Array of Inexpensive Disks

RAM: Read Access Memory

RIP : Routing Information Protocol

RFC: Request Form Comment

R-LAN – WIFI: Radio Local Area Network – Wireless Fidelity

RSVP: Resource Reservation Protocol

STP : shielded twisted pair

SFTP : shielded foiled twisted pair

SGBD: Système de Gestion de Base de Données

SMIME: Secure/Multipurpose Internet Mail Extensions

SNMP:Simple Network Management Protocol

SSL: Secure Sockets Layer

SSTP : Super Shielded Twisted Pair

TCP : Transport control Protocol

URI : Uniform Ressource Identifier

UTP : Unshielded Twisted Pair

VLAN:Virtual Locan Area Network

VPN: Virtual Private Network

WAN : Wide Area Network

Oui, je veux morebooks!

I want morebooks!

Buy your books fast and straightforward online - at one of the world's fastest growing online book stores! Environmentally sound due to Print-on-Demand technologies.

Buy your books online at
www.get-morebooks.com

Achetez vos livres en ligne, vite et bien, sur l'une des librairies en ligne les plus performantes au monde!
En protégeant nos ressources et notre environnement grâce à l'impression à la demande.

La librairie en ligne pour acheter plus vite
www.morebooks.fr

SIA OmniScriptum Publishing
Brivibas gatve 1 97
LV-103 9 Riga, Latvia
Telefax: +371 68620455

info@omniscriptum.com
www.omniscriptum.com

Printed by Books on Demand GmbH, Norderstedt / Germany